........L'USO IN ITALIANO DEL..........

........CONDIZIONALE PASSATO..........

........PER IL PRESENTE DELLO..........

..............STESSO MODO..............

A Thesis submitted to the Graduate School of the
University of Wisconsin in partial fulfillment of the
requirements for the degree of Doctor of Philosophy

by

...............CHARLES GOGGIO...............
1919

Date ..July 28......, 1918..

Windham Press is committed to bringing the lost cultural heritage of ages past into the 21st century through high-quality reproductions of original, classic printed works at affordable prices.

This book has been carefully crafted to utilize the original images of antique books rather than error-prone OCR text. This also preserves the work of the original typesetters of these classics, unknown craftsmen who laid out the text, often by hand, of each and every page you will read. Their subtle art involving judgment and interaction with the text is in many ways superior and more human than the mechanical methods utilized today, and gave each book a unique, hand-crafted feel in its text that connected the reader organically to the art of bindery and book-making.

We think these benefits are worth the occasional imperfection resulting from the age of these books at the time of scanning, and their vintage feel provides a connection to the past that goes beyond the mere words of the text.

As bibliophiles, we are always seeking perfection in our work, so please notify us of any errors in this book by emailing us at corrections@windhampress.com. Our team is motivated to correct errors quickly so future customers are better served. Our mission is to raise the bar of quality for reprinted works by a focus on detail and quality over mass production.

To peruse our catalog of carefully curated classic works, please visit our online store at www.windhampress.com.

I

Introduzione

Un caso assai curioso ed esclusivo suo proprio è l'uso in italiano del Condizionale Passato per il Presente dello stesso modo, usato tutt' a prima solo enfaticamente e divenuto oggidì così comune che ambedue i tempi sono ora indifferentemente usati, quantunque in certi casi il Condizionale Passato mantenga ancora una minima e negligibile remeniscenza del suo uso enfatico primitivo. Detto uso, caratteristico della lingua italiana, non è affatto ammesso, a me pare, nè dal francese moderno, nè dallo spagnolo, nè tampoco dalla lingua inglese.

L'erudito linguista e filologo, il Professore W. Meyer-Lübke nella traduzione francese fatta dai Professori Auguste Doutrepont e Georges Doutrepont del suo capolavoro "Grammaire des Langues Romanes" alla pagina 760, paragrafo 682 del terzo volume, fa pure menzione della tendenza della mente italiana di arrivare alla conclusione di fatti prima che l'azione sia completata. Egli dice:

‹L'italien possède en propre l'usage de remplacer surtout dans les propositions - régimes, l'action par l'état qui en résulte, c'est-à-dire d'effectuer un changement de temps caracteristique qui est apparenté à celui qui a déjà été signalé dans les propositions complètes aux ¶300 et 303: cf. ‹pensado che il ragazzo avrebbe potuto aiutarsi quando fosse rimasto solo (Verga, Vita Campi, 40); tu vedrai che sarà tutto successo (Arioste, Cass., 3, 4); avrebbe richiesto qualcheduno di loro che lo avessero accompagnato (Lasca 183, 21); non dubitare che ti sia mancato di ragione quando tu l'abbia (Ariosto, Supp., 4, 8); acciocchè il pedante non sospettasse, se ella non l'avesse guardato (Lasca, 195, 7); etc.>

Quantunque egli abbia ragione e sia corretto in ambedue le sue asserzioni, credo tuttavia opportuno notare che nel corso della mia lettura osservai:

1. Che l'uso di sostituire il tempo semplice col composto si trova in tutti gli altri modi ancora insignificante, quando questi vengano paragonati al condizionale che è <u>l'unico modo</u> nel quale quest'uso sia divenuto oggidì veramente parte integra e corretta della lingua. Tanto nel De Amicis come nel Fucini, per esempio, dove nell'opera loro da me letta abbondano nel condizionale illustrazioni di questo genere, non si trovano fra tutti gli altri modi che due esempi soli in ciascuno di essi, dove il trapassato venne usato per l'imperfetto e nel modo soggiuntivo solamente, gli altri tempi composti furono tutti correttamente usati. Eccoli:

"Dissi allora nell'orecchio al signore che quella donna aveva un figliuolo prigioniero nel Negus, e non sapeva della pace, e che se m'<u>avesse favorito</u> il giornale le <u>avrei data</u> io la notizia

<u>De Amicis</u>: "La Carrozza di tutti", pagina 410.
S'imporporò un poco anche lui, e gli feci le mie congratulazioni: una creatura angelica, che avevo mille volte ammirata, pensado sempre che <u>sarebbe stato</u> fortunato il cittadino d'Italia su cui ella <u>avesse racchiuso</u> le sue ali

<u>De Amicis</u>: "La Carrozza di tutti", pagina 450.
Soltanto accettò di trovarsi la sera a cena all'osteria di Giannaccio per bere il bicchiere dell'addio e per fare du' salti di trescone, se <u>fossero venuti</u> quei giovanotti di

Vallicella con la chitarra e l'organino.

<u>Fucini</u>: "Le Veglie di Neri", pagina 174-175.

Quando fummo sotto il porticato, il medico mi lasciò subito per fuggire l'incontro de'suoi padroni, non senza avermi prima ripetuto caldissimamente che dopo desinare <u>fossi andato</u> da lui, che mi <u>avrebbe accompagnato</u> alla stazione e che aveva cose importantissime da dirmi.

<u>Fucini</u>: "Le Veglie di Neri", pagina 232.

2. Che detto uso è pure trovato piuttosto <u>di frequente</u> anche nelle proposizioni principali ed assai più di sovente di quello che si potrebbe inferire dalla lettura di detto paragrafo.

È stato mio scopo in questo mio studio di investigare il più che mi fosse possibile a quale epoca detta forma, alla quale questo mio lavoro si limita, passò dalla lingua incorretta del popolo alla letteratura volgare, ed in che secolo divenne veramente parte della lingua letteraria italiana propriamente detta; dove ebbe probabilmente la sua origine, e considerare finalmente come ebbe in ogni probabilità il suo sviluppo nella mente italiana, ed in che proposizioni ne è comunemente usata. Onde riuscire in questo mio intento opere diverse dei migliori autori italiani di differente epoca, dal Dante al D'Annunzio furono da me lette e da tale lettura, ammontante ad un totale approssimativo di dieci mila pagine, scelsi i miei esempi sui quali baso ogni mia conclusione.

Interessante forse sarebbe stato se avessi inoltre notato quante volte ciascuno degli autori da me letti fece uso nella sua opera del condizionale passato impiegato nel suo proprio senso onde averne poi potuto paragonare il risultato con quello delle forme da me studiate, ma ciò avrebbe richiesto un lavoro immenso e sarebbe forse stato dopo tutto anche di non gran valore nel determinare meglio le conclusioni da me dedotte, e perciò l'omisi.

L'uso in italiano del Condizionale Passato
pel Presente dello stresso modo.

Parte Prima

A. Esempi dedotti da differenti autori scelti in
ordine cronologico e di epoche diverse onde
illustrarne l'uso.

Dante, Alighieri: "La Vita Nuova" (1290)
(Non vi si trovano esempi)

Dante, Alighieri: "Convivis" (1307-1309)
(Non vi si trovano esempi)

Boccaccio, Giovanni: "Il Decamerone" (1348-53) Vol. I.
(Non vi si trovano esempi)

Sachetti, Franco: "Le Novelle", 1395 - Volume I.
(Non vi si trovano esempi)

Sercambi, Giovanni: "Novelle" 1374

1. O Sandro, io cognosco che la malattia di Pippa è incurabile, e per certo penso non poterne aver onore, e poichè io oggi l'ho veduta me ne pare esser certo che il male che ella hae è un male che, non credendo, s'appicchi altrui addosso. E pertanto ora ti dico che qui non vo'venire ogni dì com'ho fatto, et a te dico, se hai cara la tua persona, non te gli accosti, se vuoi vivere sano e senza difetto. E perchè dei amare la donna tua sopra tutte le cose, sare'bene che ella ancora non vi s'accostasse, perocchè alle donne tal male più tosto s'appicca che alli

omini. Ma se avessi alcuno luogo di fuori, in nel qual fusse persona che tu fidare te ne potessi, io direi che tu la Pippa quine mandassi, et <u>aresti fuggito</u> il pericolo tuo e quello della tua donna, che la dèi più amare che te. (pagina 141)

<u>Masuccio Salernitano</u>: "Il Novellino", 1476.

1. E un dì che il cavaliero era andato fuori la città per suo diporto a caccia di sparvieri, e lei estimando che la donna con tale destro <u>averia continuato</u> a buon giuoco, le si occultò sotto al suo proprio letto, ove attenta stando conoscette che la donna con arte dava onesto commiato a le brigate de la casa, e la vide sola col nano entrarsene in camera, e serrata la porta, li sentì forse per non perdere tempo senz'altro contrasto salire sopra il letto e cominciare il loro solito lavoro.   p. 310.

2. La Badessa di Santa Chiara vi manda delle erbucce del nostro orto, e vi prega che sia ottimamente da voi servita di una libra d'oro per prova per certi recami che hanno già presi a fare le sue monachette, però che aggradandole, come crede, ve ne farà smaltire parecchie libre il mese. El maestro lietissimo ringraziò la Badessa del presente, e spacciatamente capata una libra d'oro del migliore, e significatole el prezzo, le disse che di tale sorte l'<u>averia</u> de continuo <u>servita</u>.   pp. 350-351.

3. Lei manda questi pochi frutti del giardino del monastero per devotione alla donna vostra, e dice che per ogni modo la vole conoscere, così per fama di sue virtù e onestà, come

per le sentire lei essere unica recamatrice nella nostra città, a tale che le sue donzelle possano alcuna dilicatura da lei imparare: e però vi prega e strenge, che non vi essendo grave, il dì avanti la festa de la nostra Santa Chiara, la quale assai de curto sarà, ne la mandate con sue nipoti e cognate che vi staranno due o tre dì con gran piacere, e lei ordinerà a dette gentildonne, ancora che siano di principali della città, che passino rente da qui, e la conducano con loro onorevolmente; e così ve la ritorneranno. Il maestro sapendo che usanza di donne veneziane era di in tale dì andarne a stantiare e pernottare alcune al monastero secondo aveno lì entro amistà o parentela, attento che d'ogni altro tempo l'entrarci a ciascuno era interdetto, non pose nè poco nè molto cura all'inganno, etanto più che lui tenea per indubitato tale invito e compara d'oro dalla Badessa procedere; e oltra ciò avendo, como sopra dissemo, grandissima fede alla provata virtù de la moglie, senza altrimenti pensarvi dispose contentarsi mandarla quando e come le piacea; e che qualora le dette madonne si degnassero passare da casa sua, lui l'<u>averia</u> volentieri con esse <u>accompagnata</u>.

pp. 351-352.

4,5. Ed essendo non meno ella dell'amore del Ragoseo impazzata, che lui del suo preso si fosse, cognoscendo che la soperchia cautela del marito non gli concedea come desideravano lo insieme godere, nè Tobia molto tempo possere qui dimorare;

e oltre ciò gli parea un mancamento de natura che tanto peregrina giovene fosse per moglie a un poltron concessa e ivi dimorare come segno al bersaglio, deliberò ponere tutti soi ingegni di menarnela seco, e ad un'ora satisfare a sè medesimo, e a Lella unicamente piacere, e Tonto togliere d'affanno e gelosia. E con la giovene cominciorono a trattare del modo; e più e diverse vie cercate, ancora che alcune cante gli paressero, pure estimando che qualora l'oste non avesse la moglie trovata si <u>avaria andato</u> tanto travagliando e gridando, e con l'aiuto d'amici, e col favore de molti innamorati de la moglie tanto adoperato che per ogni modo la <u>foria reavuta</u>; pensò con una maniera non meno piacevole e bella che strana e pericolosa menarnela, e a tanti possibili inconvenienti reparare. p. 371.

6. E perchè li casi e volgimenti de la invidia fortuna sono tanti e sì orribili quanto miseri coloro che da summa felicità in estrema miseria redutti li provano, accadde che abbattendosi il morbo pestifero a Peruscia in un tempo che la poveretta Eugenia si trovò del suo Virginio gravida, e ancora che prima di molte arti per non ingravidarse e dapoi per guarirse avesse usate, pur nulla gliene giovò; per la cui ragione ognuno di loro era per volerne la morte ricevere. E quello che con più amaritudine la mente della giovane travagliava, che convenendole di necessità con soi fratelli la peste fuggire, e andare in parte che niuno provvedimento di donne antiche vi si trovano che a tali bisogni sogliono

e sanno reparare, la facessero da la meritata morte campare, la quale poco più che nulla di riceverla estimava a respetto che morendo non <u>avria</u> l'amante <u>veduto</u>. E vedendo i fratelli al subito partirsi deliberati, dal suo medesimo consiglio aitata le occorse al pericolo a la morte provvedere; e fattone Virginio accorto, venuta la sera che la seguente mattina i fratelli voleano in contado andare, lei finse esserne dall'anguinaglia della contagiosa peste ammorbata, quale da' fratelli sentito e perfermo tenendolo, dubitando de loro medesimi, e in maniera impauriti che agnuno parea essere de tale lancia a morte ferito, e subito fuggitisi, e lassato un vecchio servitore di casa, ordinato che a la vita e a la morte di loro sorella provvedesse, in contado si condussero.   p. 378.

7. E in tali piacevoli pensieri stando, a Duca Ranieri fu bisogno in Francia ritornarse: il che da li doi cavalieri fu tale partire agramente tollerato, e molto più da colui che con più passione amava ed era amato; pur da detta necessità astretti, così nelli lazzi d'amore avviluppati se diparterono. Nondimeno Filippo a la soa donna promise che quale si voglia grande affare il retornare non gli <u>avria</u> interdetto, e come liale amante per niuno accidente abbandonarla mai.   p. 427.

8. E in questi termini stando accadde che el Duca deliberò in Calabria passare: lo che al pugliese oltre modo fu caro, attento che non solo la lassata patria vederia, ma del suo amante, e ancora del padre, quale per niun modo odiare

possea, <u>averia</u> qualche odore <u>sentito</u>; però che, per non dare de sè alcuno cognoscimento, non dimandandone, niuna cosa ne avea sentita giammai.   p. 453.

9. Nondimeno de' pravi e naturali costumi del vile femineo sesso dubitando, non la volse del tutto esasperare, attento che quando tali gran maestre se vedono da lor amanti refutate eschernite sogliono con tale rabbia fiere e mortali botte donare; ma con qualche fredda speranza, e impossibile a riuscire, la confortare: e ciò fu che se a lei dava il cuore con el suo padre medesimo, e non con altro mezzo, ottenere averlo per sposo, come che abastanza cognoscesse la disequanza di loro sorte, con il consentire con quello solo se <u>averia</u> il suo desiderio <u>possuto</u> satisfare, altramente si togliesse del tutto dal capo tale fantasia, chè a li ricevuti onori e comodi dal patre pensando, niuna soperchia bellezza nè conditione de grande stato, nè quantità di tesori sariano bastevoli la sua virtù nè molto nè poco ammacchiare. pp. 524-525.

<u>Bembo</u>, Pietro: "Gli Asolani" 1505.

    (Non vi si trovano esempi)

<u>Machiavelli</u>, Niccolò: "Il Principe". 1513. (Non vi si trovano esempi)

<u>Bandello</u>, Matteo: "Novelle" 1554   Parte 1ma

1. La donna che sull' avviso stava, come Niceno fu entrato, volle che si spogliasse, e seco nel letto si corcasse, sapendo che al marito conveniva andar dall' un canto all' altro di Napoli. E poi con grandissimo diletto fecero più volte correr l'acqua all'ingiù, volle ella che Niceno

si mettesse in dosso una camicia della mutola, con certo
drappo in capo come faceva essa mutola, di modo che vedu-
tolo all'improvviso, non Niceno, ma la mutola si <u>sarebbe
creduto</u>. p. 73.

2. Il perchè gettatosi ai piedi del re, umilmente chiedendogli
mercè, gli narrò come il fatto stava, e tutto quello che
il frate seco aveva divisato, ed i danari ricevuti, con le
promesse grandissime che fatte gli aveva, con dirgli che
sperava in breve esser vescovo, e che gli <u>avrebbe fatto</u> del
bene, se portava questa lastra a Napoli. p. 363.

Cellini, Benvenuto: "Vita" (1558-1562)

1. Veduto questo di non haver potuto ottenere per la via delle
braverie, si messe a pregarmi, come si priega la croce, dicendomi, che se io gnene davo, farebbe per me tanto, che io
sarei paghato. Queste parole niente mi mossono del mio proposito, sempre dicendogli il medesimo. Alla fine disperatosi
della impresa, giurò di venire con tanti spagniuoli, che mi
<u>harieno tagliati</u> a pezi; et partitosi correndo, in questo mezo
io, che ne chredevo qualche parte di questi assassinamenti
loro, mi prommessi animosamente difendermi; et messo in ordine
un mio mirabile schoppietto, il quale mi serviva per andare
accaccia, da me dicendo: chi mi toglie la roba mia con le
fatiche insieme, anchora se gli può concedere la vita. (?) p. 47.

2. Il detto misser Giovanni si scoprí seco d'amore sporco e non
virtuoso; perchè si vedeva ogni giorno mutare veste di velluto
et di seta al ditto giovane, et si cognosceva ch' e' s'era
dato in tutto alla scelleratezza, et haveva dato bando alle

sue belle mirabile virtù, et faceva vista di non mi vedere
et di non mi cognoscere, perchè io lo havevo ripreso, dicendogli che s'era dato impreda a brutti vitii, i quali gli
harien fatto rompere il collo come disse.   p. 67.

3,4,5,6. Il papa di bonissimo ingegno fece chiamare misser
Antonio santa Croce, il qual gentil huomo era capo e guida di
tutti e' bonbardieri, come ò ditto: disse che comandassi
attutti noi bonbardieri, che noi dovessimo dirizzare tutte
le nostre artiglierie a quella detta casa, le quali erano
un numero infinito, et che a un colpo di archibuso ogniuno
dessi fuoco; inmodo che amazando quei capi, quello esercito,
che era quasi in puntelli, tutto si metteva in rotta; et che
talvolta idio harebbe udite le loro oratione che cosí frequente
e' facevano, e per quella via gli arebbe liberati da quelli
impii ribaldi. Messo noi in ordine le nostre artiglierie,
sicondo la commissione del santa Croce aspectando il segno,
questo lo intese il cardinale Orsino, et cominciò a gridare
con il papa, dicendo che per niente non si dovessi far tal
cosa, perchè erano in sul conchludere l'accordo, et se que'
ci si amazavano, il campo senza guida sarebbe per forza
entrato in castello, e gli arebbe finiti di rovinare a fatto:
per tanto non volevano che tal cosa si facessi.   p. 81.

7. Il papa attinse benissimo le parole; e dove gli aveva dato
comessione che con destrezza havessin cura che ie non mi
partissi di Roma, disse loro che cercassino con diligenza,
e di me non tenessin cura perchè non harebbe voluto isde-

gniarmi qual fussi causa di perdermi.   pp. 109-110.

8,9,10 Di poi si volse al cardinal de' Medici, e gli commisse che tenessi un poco di conto di me, che per nulla lui non mi <u>harebbe voluto</u> perdere. Cosí il Solosmeo ed io cene andavamo cantando alla volta di Monte Casini, per andarcene a Napoli insieme. Riveduto che hebbe il Solosmeo le sue faccende a Monte Casini, insieme cene andammo alla volta di Napoli. Arrivati a un mezzo miglio presso a Napoli, ci si fece in contro uno hoste il quale ci invitò alla sua hosteria, et ci diceva che era stato in Firenze molt' anni con Carlo Ginori; e se noi andavamo alla sua osteria, che ci <u>harebbe fatto</u> moltissime careze per eser noi Fiorentini. Al qual oste noi più volte dicemmo, che seco noi non volevamo andare. Questo huomo pur ci passava inanzi et hor restava in drieto, sovente dicendoci le medesime cose, che ci <u>harebbe voluti</u> alla sua osteria. p. 133.

11. E poi aggiunse: Va', Benvenuto, che tu non l'arai finita si tosto che io harò pensato a' casi tua. Partito che io fui, il papa si vantò alla presenza di tutti di darmi tanto, che io <u>harei potuto</u> riccamente vivere, sanza mai più affaticarmi con altri.   pp. 138-139.

12. Et in mentre che io mi sedeva in Banchi con molti mia amici, venne a passare Pompeo in mezo a dieci huomini benissimo armati; e quando egli fu a punto arincontro dove io era, si fermò alquanto in atto di voler quistione con esso meco.

Quelli ch' erano meco, giovani bravi et volontoriosi, accennatomi che io dovessi metter mano, alla qual cosa subito considerai, che se io mettevo mano alla spada, ne <u>sarebbe seguito</u> qualche grandissimo danno in quelli che non vi havevano una colpa al mondo: però giudicai che e' fussi il meglio, che io solo metessi a ripintaglio la vita mia.   p. 139-140.

13. Il Duca mi guardava et si maravigliava che io fussi vivo; dipoi mi disse che io attendessi a essere huomo dabbene et guarire. Tornatomi a casa, Niccolò da Monte Aguto mi venne a trovare, e mi disse che io havevo passato una di quelle furie la maggiore del mondo, quale lui non haveva mai chreduto; perchè vidde il male mio schritto d'uno immutabile inchiostro, e che io attendessi a guarire presto e poi mi andassi con dio, perchè la veniva d'un luogo e da huomo, il quale mi <u>harebbe fatto</u> male.   p. 169.

14. Giunto che io fui a Roma, rallegratomi assai con li mia amici, cominciai la medaglia del duca; e havevo di già fatto in pochi giorni la testa in acciaio, più bella opera che mai io havessi fatto in quel genere, e mi veniva a vedere ogni giorno una volta al mancho un certo isciochone, chiamato mr Franco Soderini; e veduto quel che io facevo, più volte mi disse! Oimè, chrudelaccio, tu ci vuoi pure inmortalare questo arrabbiato tiranno, E perchè tu non facesti mai opera sì bella, a questo si cognosce che tu sei sviscerato nimico nostro, e tanto amico loro, che il papa

e lui t' ànno pur voluto fare impiccar dua volte a torto:
quel fu il padre e il figliuolo; guardati ora dallo spirito
santo. Per certo si teneva che il duca Lessandro fussi
figliuolo di papa Chlemente. Ancora diceva il ditto Mr.
Franco e giurava ispressamente, che, se lui poteva, che
m'arebbe rubato que' ferri di quella medaglia. Al qual io
dissi, che gliaveva fatto bene a dirmelo, e che io gli
guarderei di sorte, che lui non gli vedrebbe mai più.

                                                                 p. 170.

15-16 L'altro giorno appresso venne a bottega mia quello de'
Bettini, e mi disse: e' non accadrebbe lo ispendere dinari
in corrieri, perchè tu sai le cose inanzi che le si fac-
cino: che spirito è quello che tele dice? E' mi disse,
come Cosimo de' Medici figliuolo del signor Giovanni era
fatto duca: ma che gli era fatto con certe conditioni, le
quali l'arebbono tenuto, che lui non harebbe potuto i-
svolazare a suo modo.   p. 173.

17,18,19 Portato che io hebbi el libro al papa, grandemente gli
sodisfece: di poi si consigliava meco che scusa e' si poteva
trovare con lo imperadore, che fussi valida, per essere
quella ditta opera inprefetta. Allora io dissi che la
valida iscusa si era, che io harei detto della mia indi-
spositione, la quale sua maestà harebbe facilissimamente
ohreduta, vedendomi cosi macilente e scuro come io ero.
A questo il papa disse, che molto gli piaceva, ma che io

arrogessi da parte di sua santità, faccendogli presente del libro, di fargli presente di me istesso: e mi disse tutto il modo che io avevo attenere, delle parole che io havevo a dire, le qual parole io le dissi al papa, domandandolo, se gli piaceva, che io dicessi cosi. Il quale mi disse: troppo bene diresti, se a te bastassi la vista di parlare in questo modo allo in-peradore, che tu parli a me. Allora io dissi, che con molta maggior sicurtà mi bastava la vista di parlare con lo inperadore; avengha che lo inperadore andava vestito come mi andavo io, e che a me <u>saria parso</u> parlare a uno huomo che fussi fatto come me; qual cosa non mi interveniva così parlando con sua santità, innella quale io vi vedévo molto maggior deità, si per gli ornamenti echlesiastici, quali mi nostravano una certa diadema, insieme con la bella vechiaia di sua santità: tutte queste cose mi facevano più temere, che non quelle dello imperadore.   pp. 175-176.

20. E perchè io havevo un garzone perugino, il quale mi haveva aiutato finir quelle opere del papa, a questo detti licentia, havendolo pagato delle sue fatiche. Il quale mi disse, che mi pregava che io lo lasciassi venir meco, e che lui verrebbe a sua spese; che s'egli accadessi che io mi fermassi a lavorare con il Re di Francia, gli era pure il meglio che io havessi meco deli mia Italiani, e maggiormente di quelle persone che io cogno-scevo che mi <u>harebbon saputo</u> aiutare.

p. 183

21. La guida che menava, andava su per un argine d'un lago, e non v'era altra strada; e questo argine anchora lui era coperto d'acqua, in modo che la bestial guida sdruociolò, e il cavallo e lui andorno sotto l'acqua. Io che ero drieto alla guida a punto, fermato il mio cavallo, istetti a veder la bestia sortir dell' acqua; e, come se nulla non fussi stato, ricominciò a cantare, e accennavami che io andassi innanzi. Io mi gittai in su la man ritta, e roppi certe siepe: cosi guidavo i mia giovani e 'l Busbacca. La guida gridava, dicendomi in tedesco pure, che se que' populi mi vedevano, mi <u>harebbon ammazzato</u>, p. 189.

22. Eperchè il papa veniva alcune volte a cena in Castello, e, in questo tempo che c'era il papa, il castello non teneva guardie, ma stava liberamente aperto come un palazzo ordinario; e perchè in questo tempo che il papa stava così, tutti e' prigioni si usavano con maggior diligenza riserrare: onde a me non era fatto nessuna di queste cotal cose; ma liberamente in tutti questi tempi io mene andavo per il castello: e più volte alcuni di quei soldati mi consigliavano che io mi dovessi fuggire, e che loro mi <u>harieno fatto</u> spalle, conosciuto il gran torto che m'era fatto: a i quali io rispondevo che io havevo dato la fede mia al castellano, il quale era tanto huomo dabbene, e che mi haveva fatto così gran piaceri. p. 203.

23-24　Io che m'ero proposto più volentieri perder la vita, che manchare a quello huomo dabene del castellano della mia promessa fede, mi conportavo questo inistimabil dispiacere insieme con un **frate di casa Palavisina** grandissimo predicatore. Questo era preso per luterano: era bonissimo domestico conpagno, ma, quanto a frate, egli era il maggior ribaldo che fussi al mondo, e s'accomodava a tutte le sorte le' vitii. Le belle virtù sua io le ammiravo, e' brutti vitii sua grandemente aborivo, e liberamente ne lo riprendevo. Questo frate non faceva mai altro che ricordarmi come io non ero ubrigato a osservar fede al castellano, per esser io inprigione. Alla qual cosa io rispondevo, che sì bene come frate lui diceva il vero, ma come huomo e'non diceva il vero; perchè un che fussi huomo e non frate, haveva da osservare la fede sua in ogni sorte d'accidente, in che lui si fussi trovato; però io che ero huomo e non frate, non ero mai per manchare di quella mia semplice e virtuosa fede. Veduto il ditto frate che non potette ottenere il conronpermi per via delle sue argutissime e virtuose ragioni tanto maravigliosamente dette dallui, pensò tentarmi per un'altra via; e lasciato così passare di molti giorni, inmentre mi leggeva le prediche di fra Ierolimo Savonarolo, e' dava loro un comento tanto mirabile, che era più bello che esse prediche; per il quale io restavo invaghito, e non saria stata cosa al mondo che io non havessi fatta per lui, da manchare della fede mia in fuora, sì come io ó detto. Vedutomi il frate istupito delle virtù sue, pensò un'altra via;

chè con un bel modo mi cominciò a domandare che via io *harei tenuto* se e' mi fussi venuto voglia, quando loro mi havessino riserrato, a aprire quella prigione per fuggirmi. Anchora io, volendo mostrare qualche soltigliezza di mio ingegnio a questo virtuoso frate, gli dissi, che ogni serratura dificilissima io sicuramente aprirei, o maggior mente quelle di quelle prigione le quali mi *sarebbono state* come mangiare un poco di cacio fresco. pp. 203-204.

25. -------; per la qual cosa, quando la duchessa lo intese, aveva ditto: quel Benvenuto è un di quei virtuosi che stavano con la buona memoria del Duca Lessandro mio marito, et sempre io ne terrò conto di quei tali, venendo la occasione di far loro piacere: e ancora aveva parlato di me al Ducha Ottavio suo marito. Per queste cause io me ne andavo diritto a casa di sua eccellentia, la quale istava in Borgo vechio in un bellissimo palazo che v' è; e quivi io sarei stato sicurissimo che il papa non m'*arebbe tocco*: p. 214.

26,27 Questo giovane da bene diceva: Benvenuto mio, per Roma si dice che il papa t' à dato uno ufitio di cinquecento scudi di entrata si che io ti priego di gratia, che tu non faccia che questo tuo sospetto ti tolga un tanto bene. E io pure lo pregavo con le braccia in chrocie che mi levassi di quivi, perchè io sapevo bene che un papa simile a quello mi poteva fare di molto bene, ma che io sapevo certissimo che lui studiava in farmi seghretamente per suo honore di molto male; però facessi presto e cercassi di camparmi la vita da costui: che se lui mi cavava di quivi, innel modo che io gli *arei* detto, io sempre <u>harei riconosciuta</u> la vita mia dallui; venendo il bisogno, la ispenderei.   pp. 220-221.

28 Ascanio e lui mi pregavono che io fussi contento per l'amor de dio salvarmi e salvargli, perchè sicuro s'andava alla morte. In questo scontrai quel Mr. Cherubino insieme con quel milanese ferito: subito mi sgridò, dicendo che nissuno non haveva male e che il colpo di Pagolo era ito tanto ritto, che non era isfondato; e che quel vechio delle poste era restato in terra morto, e che i figliuoli con altre persone assai s'erano messi in ordine, e che al sicuro ci <u>arebbon tagliati</u> tutti a pezzi; sichè, Benvenuto, poichè la fortuna ci à salvati da quella prima furia, non la tentar più, chè la non ci salverebbe.

p. 252.

29 Partiomi dal cardinale, mene andai al mio alloggiamento tre miglia lontano di quivi, insieme con un segretario del cardinale che al medesimo alloggiamento anchora lui veniva. Tutto quel viaggio quel segretario mai restò di domandarmi quel che io volevo far di me, e quel che <u>saria stato</u> la mia fantasia di volere di provisione. Io non gli risposi mai senone una parola, dicendo: tutto mi sapevo.   p. 262.

30 Questo detto monsignior di Villurois mi consigliava che io cercassi di qualche altra cosa, e che io lo lasciassi a ogni modo; perchè quello di chi gli era, era huomo di grandissima possanza, e che certissimo lui mi <u>harebbe fatto</u> ammazzare.

p. 267.

31 Ringratiando di questo e d'ogni altra cosa sempre i Dio,

pensando per allora di stare un pezzo sanza esser molestato, dissi a i mia giovani di casa, massimo a l'italiani, per l'amor de Dio ogniuno attendesse alle faccende sua, e m'aiutassino qualche tempo, tanto che io potessi finire quell'opere cominciate, perchè presto le finirei; di poi me volevo ritornare in Italia, non mi potendo conportare con le ribalderie di quei franciosi; e che se quel buon Re s'aditava una volta meco, m'<u>arebbe fatto</u> capitar male, per havere io fatto per mia difesa di molte di quelle cotal cose. p. 289

32. L'altro giorno venne a Parigi il Bolognia a posta, e mi fece chiamare da Mattio del Nasaro: andai e trovai il detto Bolognia il quale con lieta faccia mi si fece incontro, pregandomi che io lo volessi per buon fratello, e che mai più parlerebbe di tale opera, perchè conosceva benissimo che io havevo ragione. Se io non dicessi, in qualcuno di questi mia accidenti, cognioscere d'aver fatto male, quell'altri dove io cogniosco haver fatto bene non <u>sarebbono passati</u> per veri; però io cognosco d'aver fatto errore a volermi vendicare tanto istranamente con Pagolo Miccieri. p. 298-299

33. Venne il Re a Parigi, come ò detto, e subito sene venne a casa mia; e trovato quelle tante opere innanzi, tale che gli ochi si potevan benissimo satisfare sì come fecero quegli di quel maraviglioso re, al quale sattisfece tanto le ditte opere, quanto desiderar possa uno che duri fatica come havevo fatto io, subito da per sè si ricordò, che il sopra ditto car-

dinale di Ferrara non m'aveva dato nulla, nè pensione nè altro, di quello che lui m'aveva promesso; e borbottando con il suo amiraglia disse che il cardinale di Ferrara s'era portato molto male a non mi dar niente; ma che voleva rimediare a questo tale inconveniente, perchè vedeva che io ero huomo da far poche parole, e, da vedere a non vedere, una volta io mi <u>sarei ito</u> con dio sanza dirgli altro. p. 304.

34. A questo quel buon Re disse, che voleva venire a casa mia, solo per gridarmi di sorte, che m'<u>arebbe ispaventato</u>; e così dette la fede a madama de Tampes di fare: e subito venne a casa, dove io lo guidai in certe grande stanze basse, nelle quale io havevo messo insieme tutta quella mia gran porta; e giunto a essa il Re rimase tanto stupefatto, che egli non ritrovava la via per dirmi quella gran villania che lui haveva promesso a madama di Tampes. p. 314.

35. Io mi accostai al cardinal di Ferrara, che era alla presenza, e lo pregai, che da poi che m'aveva fatto tanto bene innel cavarmi del carcere di Roma, insieme con tanti altri benifiti anchora mi compiacessi questo, che io potessi andare insino in Italia. Il ditto cardinale mi disse, che molto volentieri <u>harebbe fatto</u> tutto quel che potessi per farmi quel piacere, e che liberamente io ne lasciassi la cura allui, e anche, se io volevo, potevo andare liberamente, perchè lui mi tratterrebbe benissimo con il Re. p. 319

36. Il detto rescritto diceva così: Veggasi la detta casa, e a chi sta a venderla, et il pregio che sene domanda; perchè ne

vogliamo compiacere Benvenuto. Parendomi per questo rescritto esser sicuro della casa; perchè sicuramente io mi promettevo che le opere mie **sarebbono** molto più **piaciute** di quello che io havevo promesso. p. 329.

37. Questo ditto Antonio era molto mio amico per insino da pueritia mio amico per insino da pueritia, e perchè lui vedeva che io era tanto domestico con il mio duca, un giorno infra gli altri mi chiamò da canto; era presso a mezo dí, e fu in sul canto di Mercato Nuovo, e mi disse cosí: Benvenuto, io son certo che 'l duca vi mostrerrà un diamante, il quale e' dimostra haver voglia di comperarlo: voi vedrete un gran diamante: aiutate la vendita; et io vi dico che io lo posso dare per diciasette mila scudi. Io son certo che il duca vorrà il vostro consiglio; se voi lo vedete inchlinato bene al volerlo, e' si farà cosa che lo potrà pigliare. Questo Antonio mostrava di havere un gran sicurtà nel poter far partito di questa gioia. Io li promessi che essendomi mostra, e di poi domandato del mio parere, io **harei detto** tutto quello che io intendessi, senza danneggiare la gioia. pp. 338-339.

38,39,40 Poi si volse a me, dicendomi ch'io lo tenessi nascosto in casa, perchè il bargello ne cercava, e che l'**arebbe preso** a ogni modo fuor di casa mia, ma che in casa mia non l'**arebbon tocho**. A questo io le dissi, che in casa mia io havevo la sorella vedova con sei sante figlioline, e che io non volevo in casa mia persona. Allora lei disse, che il maiordomo haveva dato le commessione al bargello, e che io sarei preso a ogni modo; ma poché io non volevo pigliare il figliuolo in casa se io le davo cento scudi, potevo non dubitar più di nulla, perchè, essendo maiordomo tanto grandissimo suo amico, io potevo star sicuro che lei gli <u>arebbe fatto</u> fare tutto quel che allei piaceva, purchè io le dessi li cento scudi.

p. 341.

41. Dappoi che 'l Duca gli aveva veduti, vidi che di quei s.ª e.ª aveva scelto il manco bello. Un giorno s.ª e.ª mi fe' chiamare, et innel ragionare di questi detti modelli, io gli dissi e gli mostrai con molte ragioni, che quello a otto faccie <u>saria stato</u> molto più comodo a cotal servitio, e molto più bello da vedere. Il Duca mi rispose, che voleva che io lo facessi quadro, perchè gli piaceva molto più in quel modo; et così molto piacevolmente ragionò un gran pezzo meco.

p. 400.

42. Io messi mano con tutta la sollicitudine che io potevo, et feci l'ossatura di legnio con la mia buona regola, et felicemente lo tiravo al suo fine, non mi curando di farlo di marmo, perchè io conscievo che la Duchessa si era disposta che io noll' avessi, et per questo io non mene curavo; solo mi piaceva di durare quella fatica, colla quale io mi promettevo, che finito che io lo avessi, la Duchessa, che era persona d'ingegnio, avvenga che la l'avessi dipoi veduto, io mi promettevo che e' le <u>sarebbe incresciuto</u> d'aver fatto al marmo et a sé stessa un tanto smisurato torto. p. 407.

43. Avendo detto queste parole, insieme con molte altre, questo Raffaello sempre amprevolmente mi diceva, che gli era molto meglio un tordo, il poterselo mangiare in pacie, che nonnera un grassissimo cappone, se bene un sia certo d'averlo, et averlo in tanta guerra: et mi diceva, che il modo delle liti alcune volte se ne vanno tanto in lunga, che quel tempo io <u>arei fatto</u> molto meglio a spenderlo in qualche bella opera, per la quale io ne acquisterei molto maggiore honore, et molto maggiore utile.   p. 418.

Grazzini Francesco (Lasca): "Le Cene" (incominciate prima del 1549)

1. Era innamorato in quel tempo Gian Simone d'una vedova sua vicina, bellissima fuor di modo; ma, sendo ella nobile et onestissima, e convenevolmente abbondante dei beni della fortuna, ne viveva malcontento. E non sapendo egli come venire a fine in questo suo amore, pensò non avendo altro rimedio, per forsa d'incanti e non altrimenti, dover poterne còrre il desiato frutto: e chiamato un giorno lo Scheggia, in cui aveva grandissima fede, gli narrò, et aprì tutto il desiderio suo, e doppo gli chiese consiglio e aiuto, prima avendolo fatto giurare di tacere. Lo Scheggia gli disse che agevolmente si <u>sarebbe fatta</u> ogni cosa, ma che bisognava conferirlo col Pilucca, il quale aveva un suo amico chiamato Zoroastro, che faceva fare a' diavoli ciò che gli pareva e piaceva.   p. 137-8.

2. Et andatisi a spasso un buon pezzo, sull' ora del mangiare se n' andarono da Gian Simone; il quale come gli vidde, si fece

loro incontro, e presigli per la mano, a desinare (chè stava allora in Via Fiesolana) ne gli menò: ma poi che essi ebbero fornito di mangiare, ragionato della cosa dell'incanto e dell'incantatore per buono spazio, Gian Simone non si voleva arrecare a pagare quei venticinque ducati, e maggiormente dovendoli dar prima: pure lo Scheggia, dicendoli che il negromante __avrebbe fatto__ in modo che la sua donna non potrebbe vivere senza lui, fece tanto che egli consentì con questo intento, che inansi che i danari si pagassero, voleva veder segno dell'arte sua, onde potesse sperare di ritrovarse con la sua innamorata. p. 139.

3. Era questo monaco........amico grandissimo, come ho detto, di Zoroastro, dello Scheggia e del Pilucca; da i quali avanto inteso il tutto intorno a' casi di Gian Simone, e d'accordo con esso loro, se n'era la sera venuto quivi in casa di Zoroastro, divisato come avete inteso, e più con due cesti di lattuga infilati et un mazzo di radici; e mentre che coloro, picchiando, erano entrati dentro, s'era messo ritto in su la sponda di fuori della finestra da via: e benchè vi stesse con gran disagio, pure stava in modo, che cader non poteva; e Zoroastro acconcio aveva la finestra, e messa la nottola in maniera, che pareva che ella fusse, ma non era serrata, e per ogni poco di sospinta si __sarebbe aperta__. p. 144-145.

4. Deh! no, dise Lamberto; se io fussi te, me ne governerei per altra via; perciocchè, correndo tu a furia a dargli del bastone, i colpi non si dànno a patti, sí che agievolmente potresti rom-

pergli la testa e ammazzarlo; e che <u>aresti fatto</u> poi?
perduta la roba e la patria; e per chi? per un gaglioffo,
sciagurato pedante fracido, che non val la vita sua dua
mani di noccioli.   pp. 193-4.

Rinuccini, Ottavio: "La Dafne", 1600.
   [Non vi si trovano esempi.]

Tassoni, Alessandro: "La Secchia Rapita", 1619.

1. Il Baldi si scusò che non avea
   Ordine d'alterar la sua proposta,
   Ma che l'istesso giorno egli volea
   Ritornare a Bologna per la posta:
   E se'l partito a la città piacea,
   <u>Avrebbe rimandato</u> un messo a posta.
   Così conchiuso, il Baldi fe ritorno;
   Nè si seppe altro fino al terzo giorno.
        p. 50.

2. Sfavillò Citerea con un sorriso
   Che dicea: Bacia, bacia, anima accesa;
   E gli diede col ciglio a un tempo avviso,
   Che <u>sarebbe ita</u> seco a quell'impresa.
   Marte che'n lei tenea lo sguardo fiso,
   Avido di litigio e di contesa,
   Vedendo ch'ella avea d'andar desio,
   Disse: A la fè, che vo'venir anch'io.
        p. 61.

3 Il sagace Claretto era con esso,
   Ch'acceso di Dogna Anna di Granata
   Giunt'era tutt'afflitto il giorno stesso,
   Che un Genovese gli l'avea rubata.
   Gli ne fu dato a Parma indizio espresso,
   Che l'<u>avrebbe</u> a Bomporto <u>ritrovata</u>:
   Ma quivi giunto ne perdè i vestigi,
   E bestemmiò sessanta frati bigi.

   p. 75.

4. Giunto a Genova in tanto era il Legato;
   E il Nunzio da Bologna gli avea scritto
   Ch'egli <u>sarebbe</u> ad incontrarlo <u>andato</u>
   Prima ch'ei fesse a Modana tragitto.
   Ma egli ch'a lo studio avea imparato
   Che fa la maestà poco profitto
   Se le manca il poter, senza intervallo
   Assoldando venia gente a cavallo.

   p. 299.

<u>Galilei</u>, Galileo: "Critica Letteraria". (1620-1640)
   [Non vi si trovano esempi.]

<u>Bartoli</u>, Daniello: "Dell'Istoria della Compagnia de Giesu, 1667.
   [Non vi si trovano esempi.]

Crescimbeni, Giovanni Mario: "Storia dell' Accademia degli Arcadi". 1712.

1,2 .....Ma la buona mercè di Dio, alla fine non solo è stato dato rimedio ad ambedue questi mali; ma eglino sono stati quelli che hanno veramente fornito di stabilire e perpetuare l'Arcadia. Al primo ha rimediato la Ragunanza; la quale per togliere ogni confusione e sconcerto che potesse nascere dagli attentati dei malcontenti ordinò primieramente, che si esplorasse la volontà di ciascun Arcade, qual partito voleva seguitare o quello della legittima Arcadia, o quello della scissura: ed a leggendo il primo, dovesse dar parola per iscrittura, che mai non <u>avrebbe operato</u> nè <u>cooperato</u> palesemente e segretamente pel partito contrario, ed essendo stati mandati i fogli in giro, non solo per Roma, ma per ogni città e luogo ove dimori alcun' Arcade, tutti gli hanno rimandati sottoscritti in parola d'onore, e specialmente le colonie, a riserva d'alcuni, i quali per non sapersi la certezza della loro stanza, può essere che le lettere non sieno lor capitate, e d'alcuni altri pochi, che si sono voluti rimanere indifferenti, o hanno aderito alla scissura.   pp. 26-27.

Monti, Vincenzo, - "Epistolario" (1776-1827)

1. Lamberti mi ha detto che fra i letterati Italiani, a cui il Governo Francese poteva far dono della grande vostr' Opera, vi <u>sareste degnato</u> di scrivere anche il mio nome. p. 254.

2. E già al lodato signor don Carlo Altieri io aveva scritto che la stampa di quelle annotazioni nel presente fermento de' letterati, d' ogni parte rivolti all' emendazione del Vocabolario, <u>sarebbe tornata</u> in gran bene; perciocchè sono molte e valorose le penne che per tutta Italia, e massimamente nella parte settentrionale, sono già in moto per questo effetto: nè altro si vuole che stabilire finalmente la bellissima nostra lingua su gli eterni principii della ragione e della critica, a cui finora i benemeriti Accademici della Crusca per troppo amore di patria hanno avuto poco riguardo. pp. 323-4.

3,4 Allorchè io ve ne feci promessa, mi pensava che la messe di quegli spropositi non mi <u>avrebbe occupato</u> che poche pagine: ma amphora coepit institui, e col correre della rota ne è uscito, contra ogni mio disegno, un grand'orcio, e tale che <u>avrebbe</u> miseramente <u>ingoiato</u> un intero fascicolo del Giornale.
   p. 363.

5. S' egli è vero che le Muse sono figlie della Memoria, del certo l'egregia loro alunna Enrichetta Dionigi dovrebbe non aver del tutto dimenticato quel divoto suo servitore ed amico Vincenzo . Monti, che fu dei primi a far plauso ai poetici di lei tentativi, e a predire ch'ella <u>sarebbe stata</u> un dì l' ornamento del Parnasso.italiano non meno che del sesso.   p. 597

6. Ma quella promessa (candidamente il confesso) fu inconsiderata; perchè non previdi la sopravvenienza di altre brighe, che al momento di dovervi mantenere la mia parola, <u>avrebbero impedito</u> l'effetto della mia buona intenzione: e di ciò v' ha già dato un cenno la Stella. Fu anche per mio rossore presuntuosa; perchè entrando, come pur si dovea, nelle lodi del Bartoli, io mi sarei messo in un pelago che, per dirla con Dante, non è da piccola barca come la mia.   p. 430.

Manzoni, Alessandro: "I Promessi Sposi" 1827.

1. Quello che, per ogni verso, gli parve il meglio o il men male, fu di guadagnar tempo, menando Renzo per le lunghe. Si rammentò a proposito, che mancavan pochi giorni al tempo proibito per le nozze; - e, se posso tenere a bada per questi pochi giorni, quel ragazzone, ho poi due mesi di respiro; e, in due mesi, può nascer di gran cose. - Ruminò pretesti da metter in campo; e benchè gli paressero un po' leggieri, pur s' andava rassicurando col pensiero che la sua antorità gli <u>avrebbe fatti</u> parer di giusto peso, e che la sua antica esperienza gli darebbe gran vantaggio sur un giovanetto ignorante. - Vedremo, - diceva tra sè: - egli pensa alla morosa; ma io penso alla pelle: il più interessato sono io, lasciando stare che sono il più accorto.   p. 22.

2. Al nome riverito del padre Cristofero, lo sdegno d' Agnese si raddolcì. Hai fatto bene, disse, "ma perchè non raccontar tutto anche a tua madre?" Lucia avava due buone ragioni:

l'una, di non contristare nè spaventare la buona donna, per cosa alla quale essa non avrebbe potuto trovar rimedio; l'altra, di non metter a rischio di viaggiar per molte bocche una storia che voleva essere gelosamente sepolta: tanto più che Lucia sperava che le sue nozze <u>avrebber troncata</u>, sul principiare, quell' abominata persecuzione. p. 34-35.

3. Fece intendere che, in ogni caso, la sua famiglia <u>avrebbe saputo</u> prendersi una soddisfazione: e il cappuccino, qualunque cosa ne pensasse, non disse di no. Finalmente richiese, impose come una condizione, che l'uccisor di suo fratello partirebbe subito da quella città. Il guardiano, che aveva già deliberato che questo fosse fatto, disse che si farebbe, lasciando che l' altro credesse, se gli piaceva, esser questo un atto d'ubbidienza: e tutto fu concluso. p. 56.

4. Appena compita la cerimonia della vestizione, il guardiano gl' intimò che <u>sarebbe andato</u> a fare il suo noviziato a xxx, sesanta miglia lontano, e che partirebbe all' indomani. p. 56.

5. Il silenzio ch' era imposto a' novizi, l'osservava, senza avvedersene, assorto com' era, nel pensiero delle fatiche, delle privazioni e delle privazioni e dell' umiliazioni che <u>avrebbe sofferte</u>, per iscontare il suo fallo. p. 60

6. Parlò delle distinzioni di cui goderebbe nel monastero e nel paese; che, là sarebbe come una principessa, come la rappresentante della famiglia; che, appena l'età l'<u>avrebbe permesso</u>, sarebbe innalzata alla prima dignità; e, intanto, non sarebbe

soggetta che di nome.   p. 144

7. "Gertrude non ha più bisogno di consigli, ------è risoluta di prendere il velo."..... La voce era corsa, e i parenti e gli amici venivano a fare il loro dovere. --------Ognuno la voleva per sè: chi si faceva prometter dolci, chi prometteva visite, chi parlava della madre tale sua parente, chi della madre tal altra sua conoscente, chi lodava il cielo di Monza, chi discorreva, con gran sapore, della gran figura ch'essa avrebbe fatta. là.   p. 143-145.

8. Le parlò delle visite che <u>avrebbe ricevute</u>: un giorno poi, verrebbe il signor principino con la sua sposa, la quale doveva essere certamente una gran signorona; e allora, non solo il monastero, ma tutto il paese sarebbe in moto.
                                                    p. 147.

9-10. Partito che fosse, essa rimarrebbe sola col principe. E qualunque cosa avesse poi a patire in quella casa, il buon prete non n'<u>avrebbe saputo</u> nulla, o sapendolo, con tutta la sua buona intenzione, non <u>avrebbe potuto</u> far altro che aver compassione di lei, quella compassione tranquilla e misurata, che, in generale, s'accorda, come per cortesia, a chi abbia dato cagione o pretesto al male che gli fanno.   p. 154.

11. Quando le veniva in mente che molte di loro erano destinate a vivere in quel mondo dal quale essa era esclusa per sempre, provava contro quelle poverine un astio, un desiderio quasi di vendetta; e le teneva sotto, le bistrattava, faceva loro scontare anticipatamente i piaceri che <u>avrebber goduti</u> un giorno. p. 158.

12. Per qualche tempo, non parve che nessuna pensasse più in là; ma un giorno che la signora, venuta a parole con una conversa, per non so che pettegolezzo, si lasciò andare a maltrattarla fuor di modo, e non la finiva più, la conversa, dopo aver sofferto, ed essersi morse le labbra un pezzo, scappatale finalmente la pazienza, buttò là una parola, che lei sapeva qualche cosa, e che, a tempo e luogo, <u>avrebbe parlato</u>. Da quel momento in poi, la signora non ebbe più pace.   p. 159

13. Pensava però che la più sicura sarebbe se si potesse farlo sfrattar dallo stato: e per riuscire in questo, vedeva che più della forza gli <u>avrebbe potuto</u> servire la giustizia.

p. 17q

14. "Facevan vedere ai magistrati l'iniquità e l'insopportabilità del carico imposto loro, protestavano di voler gettar la pala nel forno, e andarsene; e intanto tiravano avanti come potevano, sperando, sperando che, una volta o l'altra, il gran cancelliere <u>avrebbe inteso</u> la ragione. Ma Antonio Ferrer, il quale era quel che ora si direbbe un uomo di carattere, rispondeva che i fornai s'erano avvantaggiati molto e poi molto nel passato, che s'avvantaggerebbero molto e poi molto col ritornar dell' abbondanza; che anche si vedrebbe, si penserebbe forse a dar loro qualche risarcimento; e che intanto tirassero ancora avanti.   p. 181.

15. All' intimazioni che gli venivan fatte, di sbandarsi, e di dar luogo, rispondevano con un cupo e lungo mormorío: nessuno si moveva. Far fuoco sopra quella ciurma, pareva all' ufiziale

cosa non solo crudele, ma piena di pericolo; cosa che, offendendo i meno terribili, *avrebbe irritato* i molto violenti: e del resto, non aveva una tale istruzione.   pp. 192-3.

15,16,17. Lo trovò: e pensando che, il giorno dopo, il suo ospite *avrebbe avuto* a fare i conti con tutt' altri che con lui, e che quel morto *sarebbe* probabilmente *caduto* in mani di dove un oste non *avrebbe potuto* farlo uscire; volle provarsi se almeno gli riusciva di concluder quest' altro affare.   p. 220.

18. Ma questo partito aveva anche i suoi inconvenienti e i suoi rischi, tanto più gravi quanto meno si potevan calcolar prima; giacchè nessuno *avrebbe saputo* prevedere fin dove anderebbe, una volta che si fosse imbarcato con quell'uomo, potente ausiliario certamente, man non meno assoluto e pericoloso condottiere.   p. 265.

19,20. La soddisfazione che il nipote poteva prendersi da sè, *sarebbe stata* un rimedio peggior del male, una sementa di guai; e bisognava impedirla, in qualunque maniera, e senza perder tempo. Comandargli che partisse in quel momento dalla sua villa; già non *avrebbe ubbidito*; e quand' anche avesse, era un cedere il campo, una ritirata della casa dinanzi a un convento.   p. 276.

21. E voleva almanaccare cosa *avrebbe potuto* richiedergli di scabroso, per compenso, e quasi per pena: ma gli si attraversarono dinuovo alla mente quelle parole: compassione al Nibbio!   p. 303.

22. Tutt' a un tratto, le passò per la mente un altro pensiero: che la sua orazione <u>sarebbe stata</u> più accetta e più certamente esaudita, quando nella sua desolazione, facesse anche qualche offerta. p. 309.

23. Quando furono nel mezzo della stanza, entrò dall' altra parte l'aiutante di camera del cardinale, e gli s'accostò, per dirgli che aveva esiguiti gli ordini comunicatigli dal cappellano; che la lettiga e le due mule era preparate, e s'aspettava soltanto la donna che il curato <u>avrebbe condotta</u>. Il cardinale gli disse che, appena arrivato questo, lo facesse parlar subito con don Abbondio. pp. 334-335.

24. La moglie del sarto, ch' era la sola che si trovava lì presente, fa coraggio a tutt' e due, le acquieta, si rallegra con loro, e poi, sempre discreta, le lascia sole, dicendo che andava a preparare un letto per loro; che aveva il modo, senza incomodarsi; ma che in ogni caso, tanto lei, come suo marito, <u>avrebbero</u> piuttosto <u>voluto</u> dormire in terra, che lasciarle andare a cercare un ricovero altrove. p. 254.

25. Domandò poi la sera al curato come si <u>sarebbe potuto</u> in modo convenevole ricompensare quell'uomo, che non doveva esser ricco, dell' ospitalità costosa, specialmente in que' tempi. p. 359.

26. Rinnovò i ringraziamenti che aveva fatti fare dal curato, e domandò se <u>sarebbero stati</u> contenti di ricoverare, per que'

pochi giorni, le ospiti che Dio aveva loro mandate. p. 359.

27,28. Stavano adunque sbalorditi, incerti l'uno dell'altro, e ognuno di sè. Chi si rodeva, chi faceva disegni del dove <u>sarebbe andato</u> a cercar ricovero e impiego; chi s'esaminava se <u>avrebbe potuto</u> adattarsi a diventar galantuomo; chi anche, tocco da quelle parole, se ne sentiva una certa inclinazione; chi senza risolver nulla, proponeva di prometter tutto a buon conto, di rimanere intanto a mangiare quel pane offerto così di buon cuore, e allora così scarso, e d'acquistar tempo: nessuno fiatò. p. 362

29. Pensate se si struggeva di mandar le sue nuove alle donne, e d'aver le loro; ma c'eran due gran difficoltà. Una, che <u>avrebbe dovuto</u> anche lui confidarsi a un segretario, perchè il poverino non sapeva scrivere, e neppur leggere.........p. 393.

30,31. E fin da quando venner fuori i Discorsi Cavallereschi di quell'insigne scrittore, Don Ferrante pronosticò, senza esitazione, che quest'opera <u>avrebbe rovinata</u> l'autorità dello Olevano, e <u>sarebbe rimasta</u>, insieme con l'altre sue nobili sorelle, come codice di primaria autorità presso ai posteri:
p. 403.

32. Nel tribunale di provisione vien proposto, come più facile e più speditivo, un altro ripiego, di radunar tutti gli accattoni, sani e infermi, in un sol luogo, nel lazzaretto, dove fosser mantenuti e curati a spese del pubblico; e così vien risoluto, contro il parere della Sanità la quale opponeva

che, in una così gran riunione, <u>sarebbe cresciuto</u> il pericolo
a cui si voleva metter riparo.   p. 414.

33. E poi, e poi, quando saremo là, ci troveremo ben contenti.
Quel signore, ora si sa che non vorrebbe altro che far servizi
al prossimo; e sarà ben contento anche lui di ricoverarci.
Là, sul confine, e così per aria, soldati non ne verrà certamente. E poi e poi, ci troveremo anche da mangiare; chè,
su per i monti, finito questa poca grazia di Dio, > è così
dicendo. l'accomodava nella gerla, sopra la biancheria, < ci
<u>saremmo trovati</u> a mal partito.>   p. 427.

34. Il governatore scrisse in risposta condoglianze, e nuove
esortazioni: dispiacergli di non poter trovarsi nella città,
per impiegare ogni sua cura in sollievo di quella; ma sperare
che a tutto <u>avrebbe supplito</u> lo zelo di quei signori: questo
essere il tempo di spendere senza risparmio, d'ingegnarsi in
ogni maniera.   p. 464.

35. Quasi al primo passo che fece, vide in terra un campanello,
di quelli che i monatti portavano a un piede', gli venne in
mente che un tale strumento <u>avrebbe potuto</u> servirgli come di
passaporto là dentro; lo prese, guardò se nessuno lo guardava,
e se lo legò come usavan quelli.   pp. 533-534.

36. M'ha detto che facevo bene a venirti a cercare, e che al
Signore gli piaceva che un giovine tratti così, e m' <u>avrebbe
aiutato</u> a far che vi trovassi; come è proprio stato la verità:
ma già è un santo.   p. 537.

D'Azeglio, Massimo: "Ricordi" 1865.

1. E datole il foglio, cortesemente si congedò, dicendo nello uscire che, se dopo ben conosciuto quale egli veramente fosse, non mutava pensiero, egli si <u>sarebbe tenuto</u> felice di dedicarsi a lei per la vita, e divenirle marito.   p. 38.

2. Altra volte veniva avvisato che nel tàl luogo, alla tal ora, di notte si <u>sarebbe</u> in qualche ripostiglio ignorato <u>detta</u> una messa.   p. 49.

3. Quando noi tre suoi figliuoli, Roberto, Enrico ed io, si prese servizio, nostro padre ci costrinse a dargli la nostra parola d'onore che giammai <u>avremmo fatto</u> ricerca di quello sciagurato, nè del suo nome, che non volle svelarci mai.   p. 51.

4. Per Mezzo del ministro del Re in Isvizzera le venne fatto d'ottenere che il prigioniero venisse rimandato su parola. Già essa ed i suoi speravano poterlo presto abbracciare: ma alla sua liberazione era posta la condizione di non più servire contro la Repubblica fino a cambio reciproco, e mio padre rispose che mai in eterno <u>avrebbe firmata</u> la promessa di non battersi pel suo paese e contro i suoi nemici.

   Vol. I, p. 52.

5. Lascio pensare che razza di vespaio andai a svegliare con queste mie idee! Fui trattato d'eretico, di miscredente, e che già ero incorreggibile, e che <u>avrei fatto</u> la mala fine, ec. ec.

   Vol. I, p. 129.

6. Accaduta la rotta di Waterloo e messo finalmente il gran disturbatore del mondo a Sant' Elena, non ci voleva molto acume a capire che per lungo tempo il mestier dell' armi, tanto più dell' armi comuni, <u>avrebbe avuto</u> all' incirca l'importanza ed il diletto d'una Confraternita di battuti.

                Vol. I, p. 227.

7. Bidone che se n'avvedeva, mi stuzzicava l'amor proprio, dicendomi che, pur di volere, <u>avrei potuto</u> far molto. Così m' accendeva, mi veniva l'acqua alla bocca colla speranza d'andar forse.....chi sa......persino per le gazzette (cara, ora, questa delizia!)   Vol. I, p. 239.

8. Il caso era urgente; e mia madre mi spedì immediatamente a Napoli. Partii la sera con il nostro solito legno in posta. Era il tempo dei briganti. Mia madre ne stava in pensiero, ed alla borsa delle spese di posta aggiunse il valore della scorta. Io feci il mio conto, che quei soldi m'<u>avrebbero servito</u> molto più piacevolmente a Napoli, e che si poteva tentare la fortuna. La tentai e m'andò bene; non vidi briganti, e giunto in Napoli vidi invece un mucchietto di scudi disposto a prestarmi i suoi servigi.   Vol. I, p. 264.

9. Bene mi ricordo che vi fu trattato, circa i materazzi, che durò un pezzetto, e che fu rotto soltanto quando divenne evidente che ci <u>saremmo difesi</u> sino all' ultimo prima di cedere.   Vol. I, p. 374.

Verga, Giovanni: "Cavalleria Rusticana ed altre Novelle."

(settimo migliaio, 1900)

1. Noi vi ritornammo e vi passammo non un mese, ma quarantotto ore; i terrazzani che spalancavano gli occhi vedendo i vostri grossi bauli avranno creduto che ci <u>sareste rimasta</u> un par d'anni. p. 31.

2. Che cosa avveniva nella vostra testolina mentre contemplavate il sole nascente? Gli domandavate forse in qual altro emisfero vi <u>avrebbe ritrovata</u> fra un mese? p. 33.

3. Il povero ragazzo faceva ogni cosa con garbo, come una brava massaia, e suo padre accompagnandolo cogli occhi stanchi nelle sue faccenduole qua e là pel casolare, di tanto in tanto sorrideva pensando che il ragazzo <u>avrebbe saputo</u> aiutarsi, quando fosse rimasto solo.

p. 68.

4. ......e nella folla che stava a guardare a bocca aperta c'era pure massaro Cola, il quale lo conosceva da quando stava a Passinitello, e gli disse che il padrone glielo <u>avrebbe trovato</u> lui, poichè compare Isidoro Macca cercava un guardiano per i porci. p. 87.

5. Una volta che il campajo lo motteggiò dicendogli che Mara non aveva voluto saperne più di lui, dopo che tutti avevano detto che <u>sarebbero stati</u> marito e moglie, Jeli che badava alla pentola in cui bolliva il latte, rispose facendo sciogliere il caglio adagio adagio: - Ora Marta si è fatta più bella col crescere, che sembra una signora. pp. 95-96.

6. - A Tebidi dicevano che <u>saremmo stati</u> marito e moglie, lo
   rammenti?   p. 102.

7. Questo pel vino! Questo per la gonnella di Nunziata! -
   e così andava facendo il conto del come <u>avrebbe speso</u> i
   denari del suo appalto - il cottimante.   p. 123.

8. E pensando a tutto ciò, indicava a Ranocchio il pilastro che
   era caduto addosso al genitore, e dava ancora della rena fina
   e bruciata che il carrettiere veniva a caricare colla pipa
   in bocca, e dondolandosi sulle stanghe, e gli diceva che
   quando avrebbero finito di sterrare si <u>sarebbe trovato</u> il
   cadavere di suo padre, il quale doveva avere dei calzoni di
   fustagno quasi nuovi.   p. 135.

9. Siccome aveva ereditato anche il piccone e la zappa del padre,
   se ne serviva, quantunque fossero troppo pesanti per l'età
   sua; e quando gli aveano chiesto se voleva venderli, che glieli
   <u>avrebbero pagati</u> come nuovi, egli aveva risposto di no; suo
   padre li ha resi così lisci e lucenti nel manico colle sue mani,
   ed ei non avrebbe potuto farsene degli altri più lisci e
   lucenti di quelli, se ci avesse lavorato cento e poi cento
   anni.   p. 139.

10. Un operaio disse che quel ragazzo non ne <u>avrebbe fatto</u> osso
    duro a quel mestiere, e che per lavorare in una miniera senza
    lasciarvi la pelle bisognava nascervi.   p. 144.

11,12. D' ora in poi, se lo battevano, a loro non importava più nulla, e a lui nemmeno, e quando <u>sarebbe divenuto</u> come il grigio o come Ranocchio, non <u>avrebbe sentito</u> più nulla.   p.148.

13. Una volta si doveva esplorare un passaggio che si riteneva comunicasse col pozzo grande a sinistra, verso la valle, e se la cosa era vera, si <u>sarebbe risparmiata</u> una buona metà di mano d'opera nel cavar fuori la rena.   p. 149.

14. Candela di sego nel tornare ogni sera dalla campagna, lasciava la mula all'uscio della Peppa, e veniva a dirle che i seminati erano un incanto, se Gramigna non vi appiccava il fuoco, e il graticcio di contro al letto non <u>sarebbe bastato</u> a contenere tutto il grano della raccolta, che gli pareva mill'anni di condursi la sposa in casa, in groppa alla mula baia.   pp. 161-162.

15. A san Pasquale aspettavano il delegato di monsignore, il quale era un uomo di proposito, che ci aveva due fibbie di argento di mezza libbra l'una alle scarpe, chi l'aveva visto, e veniva a portare la mozzetta ai canonici; perciò avevano fatto venire anche loro la banda, per andare ad incontrare il delegato di monsignore tre miglia fuori del paese, e si diceva che la sera ci <u>sarebbero stati</u> i fuochi in piazza, con tanto di < Viva San Pasquale > a lettere di scatola.   p. 180.

16,17,18. Saridda allora si graffiava il viso, e diceva che voleva morire con lui, e si <u>sarebbe tagliati</u> i capelli e glieli <u>avrebbe messi</u> nel cataletto, chè nessuno l'<u>avrebbe</u> più <u>vista</u> in faccia finchè era viva.   p. 192.

19. La povera vecchia era morta col rammarico della mala riuscita che aveva fatto la moglie di suo figlio; e Dio le aveva accordato la grazia di andarsene da questo mondo, portandosi al mondo di là tutto quello che ci aveva nello stomaco contro la nuora, e che sapeva come gli <u>avrebbe fatto</u> piangere il cuore al figliuolo.   p. 200.

20. Ella sfogavasi a scrivere delle lunghe lettere alla sua amica, vantandole le delizie ignorate della campagna, la squilla dell'avemaria fra le valli, il sorger del sole sui monti; facendole il conto delle ova che raccoglieva la castalda, e del vino che si <u>sarebbe imbottigliato</u> quell'anno.   p. 228.

21. Egli diceva che <u>sarebbe partito</u> subito dopo le regate, perchè aveva promesso di trovarsi con alcuni amici in Piemonte, per una gran caccia, e veramente gli rincresceva lasciare tante belle signore a Villa d' Este.   p. 230.

22. Polidori......si limitava a farle il suo briciolo di corte, domandandole con grande interesse di cose indifferentissime: se avesse fatto la sua gita in barca, se il giorno dopo <u>sarebbe andata</u> alla sua solita passeggiata mattutina verso i Campi Elisi.   p. 241.

<u>Fogazzaro</u>, Antonio: "Piccolo Mondo Antico" 1895

1,2. Una volta restò dal remare per tenervelo su e vedere come la povera donna se la <u>sarebbe cavata</u> da un passo difficile, cosa <u>avrebbe fatto</u> di una certa carta pericolosa a giuocare e pericolosa a tenere.   pp. 8-9.

3. Stavolta Franco non si sdegnò, ascoltò distratto e disse che ci _avrebbe pensato_. p. 20.

4. Infatti l'ottimo signor Viscontini, accordatore di pianoforti, venuto la mattina da Lugano per accordare il piano dei signori Zelbi di Cima e quello di don Franco, aveva pranzato al tocco a casa Zelbi, era quindi venuto a casa Maironi, e ora gli toccava di sostituire il signor Giacomo perchè altrimenti i commensali _sarebbero stati_ tredici. p. 23.

5. Fuori delle pochissime persone che dovevano prender parte all' avvenimento, nemmanco l'aria sapeva che quella sera stessa, verso le undici, don Franco Maironi _avrebbe sposato_ la signorina Luisa Rigey. p. 30.

6. La signora non credette di acconsentire e il giovane se ne disperò, le fece intendere che considerava Luisa come sua fidanzata davanti a Dio e che _sarebbe morto_ prima di abbandonarla. p. 31.

7. Mise un abito nero, per sfida; discese le scale rumorosamente, chiamò il vecchio domestico, gli disse che _sarebbe stato_ fuori tutta la notte, e senza badare alla faccia sbalordita e sgomenta del pover uomo, a lui molto devoto, si slanciò in istrada, si perdette nelle tenebre. p. 45.

8. Allora la signora Teresa lo pregò di annunciare al curato che gli sposi _sarebbero andati_ in chiesa fra mezz'ora. p. 64.

9. Luisa si studiò di persuaderlo che non si poteva fare altri-

menti, che nè la spesa, nè l'incomodo <u>sarebbero stati</u> grandi, che suo marito, quando avesse a uscir di casa. amdrebbe difilato a Lugano e ritornerebbe con i pochi mobili strettamente necessari.   p. 76.

10. Aveva preso seco la moglie perchè gli giovasse in questa delicata bisogna dell' uno per volta; e lei, povera innocentona, gli trotterellava dietro a passettini corti giù per i centoventinove scalini che chiamano la Calcinera, senza sospetto della perfida parte che <u>avrebbe fatto</u>.   p. 105.

11. Gli era venuta l'idea di andare a Loggio dove abitavano il Paolin e il Paolon, gente bene informata; poi aveva pensato che era martedì e probabilmente non li <u>avrebbe trovati.</u>

p. 116.

12. Cara nonna, mi manca il tempo di scriverti perchè son qui; te lo dirò a voce domani sera e confido che tu mi ascolterai come mi <u>avrebbero ascoltato</u> mio padre e mia madre.

p. 134.

13. Il Commissario, disse alla buona signora che <u>sarebbe poi andato</u> a vedere i suoi fiori, e questa galanteria parve l'atto di chi, al caffè, butta e fa suonare la monèta sul vassoio perchè il tavoleggiante lo pigli e se ne vada.

p. 145.

14. Poi aggiustò le partite di sua moglie con un buon rabbuffo, giurando che in avvenire lo <u>avrebbe tenuto</u> lo zucchero, e poichè ella si permise di ribattere.....la interruppe, ...

e voltatele le spalle s'avviò.... p. 149.

15. Si misero a discorrere con gran zelo, l'una e l'altro, di quel che <u>avrebbero fatto</u> dopo la guerra, come per allontanar la idea di una possibilità terribile. p. 203.

16, 17. Si cacciò la carta in tasca......e, senza curarsi più del suo proprio affare, spiegò per segni, come se anche gli altri due fossero stati sordi, che <u>sarebbe corsa</u> subito a Oria, da don Franco, e gli <u>avrebbe recato</u> lo scritto. p. 207.

18. Lo zio gliel' aveva consegnata prima di partire dicendogli che, ad un bisogno, <u>avrebbe trovato</u> un po' di cum quibus nel primo cassetto. Aprirono. p. 227.

19. Egli vedeva la predilezione della bambina per sua madre e se ne compiaceva, gli pareva una preferenza giusta, non dubitava che Maria, più tardi, <u>avrebbe</u> teneramente <u>amato</u> anche lui.
p. 244.

20. Ella rispondeva con dolcezza e con fermezza, senza risentirsi di qualche parola pungente, sosteneva che il sentimento di Maria era buono, che opporsi alla prepotenza e all' ingiustizia era il compito migliore per tutti, che se un bambino vi adopera le mani, fatto adulto vi <u>avrebbe adoperato</u> mezzi più civili, ma che se si reprimeva in lui la espressione naturale dell' animo, si correva rischio di schiacciare con essa anche il buon sentimento.nascente. p. 247.

21. Non lo sapeva lei, cara, che il suo papà <u>sarebbe andato</u> lontano lontano e il suo papà aveva il cuore tutto molle di quel piccolo caldo che vi respirava su, di quella testina dall'odore d' uccelletto del bosco. Gli pareva già d'esser partito e che lei lo cercasse,...... p. 269.

22. I sei viaggiatori e il barcaiuolo si riunirono da capo sulla piazza di San Mamette e lì donna Ester dichiarò che non si sentiva bene e <u>che sarebbe andata</u> a casa a piedi con la Cia. p. 270.

23. E che si doveva dire ai conoscenti? Si era già detto che Franco andava a Milano il giorno otto e che <u>sarebbe stato</u> assente forse un mese, forse anche più.

24. Prima di scrivere si sentiva forte, si teneva sicuro che pensandoci <u>avrebbe trovato</u> facilmente argomenti vittoriosi; gliene venivano anche alla penna di quelli che gli sembravano tali, ma poi, quand' eran scritti, ne scopriva subito la insufficenza, ne stupiva, se ne doleva, ritentava la prova e sempre con eguale successo. p. 356.

25. La Pasotti rispose che il pranzo era alle tre e mezzo, che la marchesa doveva scendere verso le tre allo sbarco della Calcinera, che Pasotti vi si <u>sarebbe trovato</u> a riceverla con quattro uomini e la famosa portantina che aveva servito nel secolo scorso per un arcivescovo di Milano.

26. Il poveruomo promise che <u>avrebbe cercato</u> di non farlo più e lo fece ancora. p. 392.

27. Era successa una cosa straordinaria, doveva parlarne a sua moglie, non poteva dire che risoluzione prenderebbe. Gli amici protestarono che mai non l'<u>avrebbero abbandonato</u>.

    p. 464.

28. Il Prefetto, udito come le cose stavano, s''unì a Pedraglio, offerse di giustificare Franco, gli propose di scrivere due parole ch' egli <u>avrebbe portate</u> a Cressogno.   pp. 466-7.

29. Non una ma tre primavere erano passate dopo quell' autunno del 1855 senza la fioritura d'armi e di stendardi che gli italiani aspettavano sulle rive del Ticino. Nel febbraio del 1859 si era sicuri che non <u>sarebbe passata</u> così la quarta.

    p. 491.

30. Franco dichiarò che aveva buttato via tutti i rimedi, che si sentiva di ferro, che <u>sarebbe stato</u>.il più robusto soldato del 9º. ‹ Sarà! › brontolò lo zio.   p. 527.

31. Ella sperava che <u>sarebbe rimasto</u> a letto fino alle nove o alle dieci e contava partire al tocco, andar a dormir a Magadino per non affaticarlo troppo.   p. 535.

32. Luisa approfittò di quell' esitazione per chiedere al giardiniere dove <u>avrebbero trovato</u> un sedile. p. 540.

33. Il Gilardoni ne fu molto commosso; disse a Franco che avendo nel cuore quel tale culto gli <u>sarebbe parso</u> di diventare un poco suo padre anche se la signora Teresa non volesse saperne lui.   p. 85.

34. Per le cure materiali v'era la Cia e le risorse che bastavano per tre meglio <u>avrebbero bastato</u> per due. p. 509.

Fucini, Renato: "Poesie". (18ª Edizione)
[Non vi si trovano esempi.]

Fucini, Renato: "Nella Campagna Toscana" 1908.

1,2,3,4,5. Per suggellare caldamente la riconciliazione furono subito stabiliti patti chiari e cordiali fra i due ciechi e le loro famiglie.   Ad accattare <u>sarebbero andati</u> sempre insieme, e il guadagno diviso a metà: soldi e tozzi di pane. I soldi fuori di corso <u>sarebbero restati</u> a chi se li fosse fatti appiccicare.

Colombo li <u>avrebbe guidati</u> tutt'e due, e la fune la terrebbero un po' per uno.

Per il caso di qualche regalo di spogli: le scarpe e i cappelli a quello che gli fossero andati meglio ai piedi e al capo. Per i calzoni e le giacchette, si <u>sarebbero rimessi</u> al giudicio di Nencio sarto.

Per altre cose <u>avrebbero combinato</u> all'occasione, volta per volta.   P. 15-16.

6,7,8. Nappa intervenne; disse un monte di buone ragioni e, per il momento, la questione fu appianata così: il vino, il pane e il prosciutto l'<u>avrebbero pagato</u> a metà; quanto alle salsicce, a metà anche quelle, ma una l'<u>avrebbe</u> subito <u>mangiata</u> Lilli, e quell'altra, Tonto, se la <u>sarebbe portata</u> con sè, per mangiarsela a comodo suo.   p. 19.

9. In un angolo della piazzetta, seduto all'ombra sopra una panca fuori del Caffè, Tigrino aveva preso posto per riposarsi dopo la gita; e di lì, posato in un canto il fucile e fatto

accucciara il cane, sorvegliava e dirigeva, scherzando e ridendo, una schiera di ragazzine e di giovinetti i quali, con grembiuli e panieri colmi, spargevano intorno fiori di ginestra e rappe di mortella e di timo, per preparare la fiorita dove la processione <u>sarebbe</u> più tardi <u>passata</u>.   pp. 47-8.

10. Il Brigadiere cercò di persuaderlo facendogli intendere che quel subito voleva dire: dopo le formalità di legge. Lo assicurò che era questione di ore e che, subito dopo un breve interrogatorio davanti al Pretore, il Bimbo <u>sarebbe ritornato</u> a casa sua......   p. 57.

11. Il sindaco avvertì della probabile sciagura quattro consiglieri lontani; il proposto fece tirar fuori da una cassa e mandò subito a far riguardare la coltre buona; le associazioni misero in pronto quello che <u>sarebbe potuto</u> abbisognare da un momento all'altro, e il vice presidente della banda telegrafò a Firenze, al maestro, che venisse immediatamente a Pietracava perchè urgeva mettersi subito alle prove per una marcia funebre.
     p. 77.

12. Dopo quattro giorni di prove continue, dalla mattina presto alla sera tardi, la banda era già quasi pronta a fare la sua uscita in pubblico: la coltre buona era già ritornata in propositura, ripresa nelle sfilacciature e rimessa quasi a nuovo; le diverse Società erano in ordine per accorrere sollecite ad ogni chiamata; ed erano in pronto lumi e bandiere abbrunate da mettersi alle finestre di ogni casa, e abiti neri, e guanti, e tube rilustrate, e perfino un bel ritratto del Colonnello, un

ingrandimento d'una fotografia, fatto a brace dal figliuolo di Teofilo, che, in tempo del trasporto, <u>sarebbe stato esposto</u> fuori della bottega, contornato da una bella corona di cipresso.

pp. 79-80.

13. - Subito, subito ossigeno a casa del Colonnello! - E andò via senza fermarsi, lasciando detto che passava dal sindaco e che fra un quarto d'ora <u>sarebbe tornato</u> lassù anche lui.

pp. 83.

:ini, Renato:"All' Aria Aperta" (quarta edizione).

1. Erano i ragazzi dei contadini, i quali, fatti avvisare dalla padrona, s'erano radunati lì, in quel sereno e tepido pomeriggio d'aprile, ad aspettare il padroncino minore che, anche quell' anno, per la prima volta, dopo una rigida invernata, fra poco <u>sarebbe uscito</u>, col permesso del medico, a respirare l'aria della campagna; adagiato nel suo doloroso carrozzino col mantice di tela bianca.   p. 57.

2,3. E, infiammati dall' amore del luogo natío, i due conoscenti, dopo essere arrivati perfino a credersi amici, nel calore della discussione si esaltarono talmente che, in pochi minuti, giunsero d' amore e d' accordo, alla conclusione che anche il loro paese <u>avrebbe avuto</u> una statua, e che la statua <u>sarebbe stata</u> equestre.   p. 73.

4. E, nel fervore dell' entusiasmo, non si erano accorti nè anche del signor Leopoldo il quale, seguendoli a breve distanza e avendo inteso tutto, alzò la voce plaudendo, e dichiarò solen-

nemente che, se aprivano una sottoscrizione, lui si <u>sarebbe</u> subito <u>firmato</u> per cinque lire. p. 74.

5,6. Fatta la nomina delle cariche e aperta la discussione, fu per prima cosa, deliberato all'unanimità che la statua <u>sarebbe stata</u> equestre sul serio e, possibilmente, di bronzo; e fu anche convenuto che il monumento <u>sarebbe sorto</u> sulla Piazza del Plebiscito, sebbene alcuni avessero addotto delle buone ragioni per preferire la piazza Cavour. p. 75.

7. Furono sciolti inni al patriottismo, al progresso dell'umanità, alle glorie paesane, e venne fissato il modo di raccogliere la somma occorrente, mandando in giro schede di sottoscrizione, ma facendo assegnamento, più che sopra ogni altra cosa, sulle tombole pubbliche, sulle feste di ballo, sulle fiere di beneficenze, sulle accademie che gratuitamente <u>avrebbe dato</u> la banda cittadina, sulle recite dei dilettanti filodrammatici della Società Enresto Rossi, e, specialmente, sui proventi d'un numero unico, che prometteva di diventare una vera maraviglia, se la signora Malvina avesse voluto dare quel bellissimo sonetto sulla virtù di Lucrezia, e il barbiere quelle sessantacinque ottave sul pellegrinaggio dell'anno passato.
pp. 75-76.

8. Uno scultore amico del presidente aveva scritto che, dando egli quasi gratuita l'opera sua, il monumento, tutto compreso e calcolato, <u>sarebbe venuto</u> a costare dalle cinquanta alle sessantamila lire. p. 81.

9. Il medesimo scultore aveva scritto al Presidente che per la sola statua in piedi, a grandezza naturale, ci <u>sarebbero voluti</u> circa ventimila lire.   p. 84.

.,12. Quando fu tastato il Sindaco per sentire se si <u>sarebbe adoprato</u> a ottenere dal Consiglio un sussidio per un monumento da erigersi alla memoria di.....di.....(a questo ci si <u>sarebbe pensato</u> dopo), il Sindaco rispose che ben volentieri lo <u>avrebbe fatto</u>, ma a cose definitivamente stabilite. p. 85.

13. Sotto una mano di ferro come quella del nuovo presidente, pareva, dopo un paio d'adunanze, che le cose accennassero a una piega migliore; ma tutti i nuovi progetti andarono in fumo quando un altro scultore ebbe scritto che un busto di marmo sopra una colonnetta di bardiglio, <u>sarebbe costato</u> duemila lire circa.   pp. 86-7.

14. L'uomo da onorarsi col monumento era stato trovato. Il busto <u>sarebbe stato eretto</u> al nonno del Trabalzi, a quel gran benefattore il quale, sessant'anni addietro, aveva impiantato la florida industria delle mattonelle lucide di asfalto impenetrabile per le terrazze scoperte.   pp. 87-88.

15. Rifece allora capolino il nome del canonico Palandri, ma gli fu opposto, e prevalse subito quello di Garibaldi, non tanto per fare un dispetto al professore Banderuoli, quanto perchè si era venuti a risapere che uno scalpellino d'un paese sopra a Firenze, che si chiama Fiesole,

ce n'aveva uno di pietra serena avanzatogli dal tempo della capitale, e che <u>avrebbe potuto</u> rilasciarlo, messo e murato al posto, per trentacinque lire, cioè quante erano quelle già versate dal Comitato nelle mani del cassiere.

pp. 88-89.

16-17. Un gran cartellone rosso vinato aveva annunziato alle turbe attonite un visibilio di roba per l'inaugurazione del nuovo teatro Fiacomo Puccini.------

----

Terminava con un elenco di nomi delle principali celebrità che vi si <u>sarebbero prodotte</u> e di quelli dei sette professori che <u>avrebbero fatto</u> parte della orchestra.

pp. 125-6.

18. Il contadino, con la prontezza che hanno per il calcolo a loro vantaggio quelle volpi mascherate da polli, aveva subito riflettuto che a non chiedere ci <u>avrebbe guadagnato</u>, e rimase al < mi dia quello che vuole >, e si mise a far carezze al cane che intenerito gli saltava addosso uggiolando.

p. 148.

19. Ho portato Zeno con me, - disse il veterinario - perchè quando ho sentito di che si trattava, ho pensato che, più che di me,

ci <u>sarebbe stato</u> bisogno di lui.　　　　　　　　p. 207.

21. Con l'ingegnere fu stabilito che quel monte di materiali in piazza Garibaldi <u>sarebbe stato levato</u> subito in serata, e che <u>avrebbe fatto</u> riempire con un po' di ghiaia tutti gli avvallamenti del lastrico in Via Mazzini e nel Corso Umberto I.

　　　　　　　　　　　　　　　　　　　　　　　p. 217.

22. Si diceva, - riprese il Sindaco, dirigendo la parola al Verdiani - si parlava di questa refezione da offrirsi al signor Prefetto, se <u>sarebbe bastato</u> un bel rinfresco, o........
- A che ora arriva.　　　　　　　　　　　p. 220.

23. Il perito, dopo molte corse avanti e indietro, e dopo aver più volte misurato e traguardato, con la pianta catastale alla mano, fece un gesto d'impazienza e chiamò da lontano il Cavaliere per indicargli la linea che <u>avrebbe dovuto</u> seguire la nuova fossa di confine e per fargli osservare che, per l'appunto! quella linea andava a colpire proprio nel mezzo il tronco del più bel castagno della selva, di quel castagno lassù presso la Casetta dove erano all'ombra quei signori.

　　　　　　　　　　　　　　　　　　　　　　　p. 262.

cini, Renato: "Veglie di Neri" (settima edizione 1905)

1. E il giorno che gli ripresi il su' figliolo minore che era cascato nel pollino cominciò a piangere e mi baciò e mi disse che <u>sare' morto</u> in casa sua.　　　　　　　p. 23.

2. Raccolse il fiore e se lo accomodò più forte tra i capelli. A Lucia era caro quel fiore come tutti gli altri che ogni mattina coglieva per adornarse il capo e per offrirli la sera alla Madonna che pendeva a capo del suo letticciuolo. Anche quella sera non <u>sarebbe mancato</u> alla Vergine l'omaggio di quel povero fiore.
pp. 42-43.

,4. Il sor Pasquale, dopo aver attaccato l'oriolo alla parete dello scrittoio, proprio di faccia alla sua poltrona, l'aveva rimesso col suo da tasca già regolato scrupolosamente al mezzogiorno di quello di Cutigliano, a fra due minuti doveva sonare le sei, fra fue minuti la sua famiglia <u>avrebbe goduto</u> della cara sorpresa, e la sua vittoria contro gli eterni dubbi, contro il tormentoso malumore di sua moglie <u>sarebbe stata</u> completa.
pp. 53-54.

5. E anche il povero Toppa non è più! Morì di vecchiaia cinque anni sono, ed ora si riposa sotto il ciliegio, visciolo delle ghiacciaie, dove Fiore lo sotterrò pietosamente, pensando che per due anni almeno lì non ci <u>sarebbe stato</u> bisogno di pecorino.
p. 58.

6. La primavera era inoltrata, e colle prime tepide brezze del maggio quella oppressione di respiro che lo tromentava, si aggravò tanto, che il medico credè suo debito avvertire la sora Flaminia perchè pensasse a parlarne col parroco. E la sora Flaminia mandò un sospiro e disse che l'<u>avrebbe fatto</u>.
p. 59.

7,8. A Pipetta mi toccò promettere che nel settembre <u>sarei tornato</u> a trovarlo cacciando, e lui mi disse che sapeva tante brigate di starne e che me le <u>avrebbe insegnate</u>.   p. 159.

9. Una mattina d'agosto, mentre mi riposavo sotto un leccio, Pipetta mi sedè accanto e prendendomi una mano nelle sue che tremavano, mi confessò che era innamorato di Fiorella e mi domandò se <u>avrebbe fatto</u> bene a sposarla.   p. 160.

10. Fiorella si riebbe dopo poco e si mostrò assai tranquilla; ma in ogni modo volli che la mettessero a letto, perchè mi parve che avesse un po' di febbre. Dissi a quella gente che a mandare il medico ci <u>avrei pensato</u> io, e me ne venni a casa.   p. 163.

.,12. Tornai il giorno dipoi, e con mia grata sorpresa, trovai Fiorella a sedere sulla porta di casa, che mi dette il buon giorno sorridendo mestamente. Mi raccontò che Pipetta era di leva e che fra quattro giorni <u>sarebbe andato</u> a Samminiato alla visita, e di lì subito a Firenze in Fortezza da Basso, perchè un bel giovinotto come lui, disse, <u>sarebbe stato</u> buono di certo.   p. 163.

13. Tutta quella calma mi sorprese alquanto; ma non ne feci allora gran caso. Mi rallegrai con lei d'averla trovata così ragionevole, e cercai, sebbene con repugnanza, di farle credere che il suo Pipetta <u>sarebbe tornato</u> presto perchè di guerra non se ne parlava nemmeno.   p. 163.

14. Le dissi che in fin dei conti tutto il male non viene per nuocere, perchè tutti e due erano un po' troppo giovani; che qualche mese di separazione non <u>avrebbe fatto</u> che accrescere

il loro amore, e tante altre cose che io credei adatte ad assicurare quella rassegnazione che pareva già avesse nello animo.   p. 163.

15,16. Sul fare della sera, al momento di lasciarla, le dissi che per qualche giorno non mi *sarei fatto* rivedere perchè un affare di somma importanza mi chiamava a Livorno, dove mi *sarei trattenuto* una settimana.   p. 164.

17,18. Pierone dette parola a Cecco che ormai, avendo tirato su basso e dovendo andar via chi sa per quanto tempo, alla ragazza non ci *avrebbe* più *pensato*, e gli promise che lui non *avrebbe* più *messo* difficoltà.   p. 174.

19. Quindi ci raccontò una parte della sua storia. Ci disse che andavano in Romagna a dare un'occhiata a certi loro possessi, che in una locanda erano stati derubati del loro vestiario, che viaggiavano a piedi per diletto; e volle sapere se c'era almeno un po' di teatro per passare la serata, se no *avrebbero proseguito* subito il loro viaggio.   pp. 191-192.

20. Passi, passi. Lei è quel signore di Firenze che ieri mandò a dire che facilmente *sarebbe venuto*, eh?   p. 211.

21. Il sor Cosimo lo prescelse alla carica perchè, vista l'antipatia che fin da bambino lo Stelloni aveva dimostrato per le scuole, potè tranquillizzare il Consiglio che lui delle spese inutili non ne *avrebbe fatte* fare. E l'assessore Stelloni, fedele al suo mandato non ha mai messo piede in una scuola.

p. 230.

22. Quando fummo sotto il porticato, il Medico mi lasciò subito per fuggire l'incontro dei suoi padroni, non senza avermi ripetuto caldissimamente che dopo desinare fossi andato da lui, che mi <u>avrebbe accompagnato</u> alla stazione e che aveva cose importantissime da dirmi.   p. 232.

23. Al momento d'andare a tavola il sor Cosimo mi disse, dandomi uno stizzone: - Oggi si deve stare allegri! Bravo, bravo, bravo! - La signora Flavia mi ripetè per la sesta volta che <u>avrei fatto</u> penitenza, perchè non avevano alterato per nulla il solito desinare delle altre domeniche.   p. 233.

24. Il sor Cosimo ci fece d'occhio per dirci che bisognava andare alla chiesa anche noi; un' attenzione che <u>sarebbe stata</u> gratissima a suo fratello.   p. 245.

,26. Ma i tre preti, adducendo che fra poco <u>sarebbe sonato</u> a vespro, si disimpegnarono bravamente, e andammo noi quattro, il sor Cosimo, il Segretario, l'assessore Stelloni e io, con gran compiacenza di don Paolo il quale, precedendoci a sbalzelloni, mi raccontava che aveva fatto serbare un bel frusone maschio pel Priore di San Gaggio e che io gli <u>avrei fatto</u> il favore di portarglielo.   p. 245.

27. L'ora si faceva tarda. Attraversando di nuovo la piazza, il Dottore mi salutò accennandomi che ormai ci <u>saremmo riveduti</u> a Firenze, e tirai avanti come un reo d'alto tradimento che di mezzo alla forza vede i parenti e gli amici che gli tendono addolorati le braccia, e non gli è concesso nè un bacio nè

~~un bacio~~ nè un abbraccio prima di lasciarsi forse per

sempre.   p. 249.

De Amicis, Edmondo: "La Carrozza di tutti" (23° migliais, 1908)

1,2. Presi nota di quel viso nella mia memoria. L'amico doveva
star di casa su quella linea, l'<u>avrei rivisto</u>, <u>avrei forse
scoperto</u> il suo perchè, e mi si poteva offrir il modo di levare a lui il verme dal cuore e a me l'osso dalla gola....

p. 18.

3. A questo punto il libro mi si disegnò nel pensiero lucidamente:
scrivere quello che vedevo sui tranvai, giorno per giorno, per
corso d'un anno, dipingendo le
il/persone più notevoli che <u>v'avrei rivedute</u>. p. 27.

4. L'altro imbestialì, gridò che <u>sarebbe ricorso</u> alla direzione.

p. 39.

5. Trovai sulla piattaforma Carlin, il fattorino africanista,
felice della partenza del colonnello Pittaluga per Assab,
donde si diceva che <u>sarebbe entrato</u> nell' Harrar con un corpo
di spedizione.   p. 43.

6. Si accarezzavano come due fratelli amorosi: l'uno faceva scorrere il muso sulla criniera dell'altro, ravvicinavan le teste
toccandosi con le tempie, si strofinavano, si mettevano a vicenda
la bocca accosto all'orecchio, socchiudendo gli occhi, come se
si parlassero, come se si confortassero l'un l'altro della dura
vita presente con la predizione dei lunghi sonni che <u>avrebbero
dormiti</u> nei loro ultimi anni davanti alle porte dei teatri e
delle stazioni, sotto la guardia dei fiaccherai sonnolenti.

p. 47.

7. Per fortuna, due passeggieri discesero dopo un momento, ed essendosi fatto un po'di spazio, quegli potè adagio adagio, scostandosi un poco, voltarsi dalla parte opposta, senz'aver l'aria di farmi uno sgarbo. Ma fu quasi peggio perchè, non avendo più il suo viso davanti, ebbi libero il pensiero, che prese la via dei ricordi............pensai che <u>sarebbe spettato</u> a me di coglier quell'occasione, di toccargli la spalla con la punta delle dita, chiamandolo per nome, e di fargli, al suo voltarsi, un sorriso che fosse un invito, una preghiera......E mi mancò il coraggio di farlo. pp. 57-58.

8. Era un po'allegro, ne conveniva; ma questo non gli <u>avrebbe impedito</u> d'andar la mattina dopo al lavoro: era lavorante in ferro. p. 59.

9. E il povero gobbetto, digiuno dall'alba, mentre mangiava a precipizio, si voltava a ogni boccone a guardare se l'altro tranvai arrivasse, già affannato dal pensiero della folla che <u>avrebbe dovuto</u> riattraversare, spolmonandosi a fischiare e a urlare, in piazza Vittorio Emanuele, in via Po, in via Garibaldi, fino al capo opposto di Torino..... p. 73.

,11,12. Anche stando in casa, cercavo il più sovente col pensiero le persone che solevo trovare sui tranvai, a ogni passaggio di carrozzone sotto le mie finestre mi balzavano davanti le loro immagini, e ogni mia curiosità, quand'uscivo, si volgeva a <u>chi avrei incontrato</u>, a che <u>sarebbe accaduto</u>, a che <u>avrei scoperto</u> quel giorno nelle mie scarrozzate. p. 81.

13. Ma cercava di consolarsi, affermando (di scienza propria, poichè notizie al proposito non n'erano ancora arrivate) che le nostre artiglierie avevano fatto una strage inaudita, e poi aveva gran fiducia nel maggior Prestinari, e aspettava miracoli dal Baldissera, che "av**rebbe spazzato**" tutto. p. 82.

14. Furono quei due benedetti amanti di borgo San Donato che mi fecero riprendere la penna. Li trovai una mattina alla prima corsa sul tranvai del Martinetto, salendo in piazza Statuto........S'erano sposati....
........Guardandoli, vedevo quella camera al terzo piano mobiliata appena dello stretto necessario, ...e immaginavo la loro vita, ...
e in quella vita povera e oscura indovinavo un pensiero comune l'aspettazione d'un essere desiderato, allietata dalla speranza d'una grazia della natura, d'un essere diverso da loro, florido e bello, che <u>avrebbe portato</u> fra quelle quattro povere pareti luce, allegrezza, alterezza, coraggio.

                                          p. 86, p. 87.

15. Ma pensai a un punto che non <u>sarebbe trascorso</u> lungo tempo
~~lungo tempo~~ prima che la traditrice dello sportello fosse
punita, perchè gli occhi scintillanti del capitano........
....non davano indizio d'una gran profondità di passione.
p. 90.

,17. Ahimè, sì, la Società Belga <u>avrebbe guadagnato</u> ancora qualche
soldo da tutti e due, e poi i suoi carrozzoni <u>sarebbero riusciti</u>
insufficienti: si sa, per dieci centesimi non si può dar tutto.
p. 91.

,19. Come? - mi domandò. - Lei non conosce donna Chisciotta della
Mancia? Accortasi che parlavamo di lei, la signora ci fissò
in faccia un momento i suoi grandi occhi oscuri e sporgenti;
ma con espressione di assoluta indifferenza; si capiva che era
abituata a veder parlar di sè. Tutta Torino la conosce, -
riprese il giovane. ....E seguitò.
Era un'anima vulcanica, una specie di Santa Francesca d'Assisi,
che si sarebbe <u>ridotta</u> sulla paglia a furia di beneficenza,
e perciò in lite perpetua con suo marito, che, a darle retta,
<u>avrebbe finito</u> con ridurre in ospizi pubblici tutte le sue
case. p. 96, p. 97.

). Insomma, che fosse morto di certo non lo sapeva, nessuno
gliel' aveva annunziato; ma il cuore le diceva che era morto,
che non l'<u>avrebbe rivisto</u> mai più.   p. 106.

. E infatti, nella cura ostentata con sui ripiegò il giornale
prima di scendere vidi chiaramente l'intento di farmi com-

-59-

prendere che nessuna relazione amichevole <u>sarebbe</u> mai <u>stata</u> possibile fra di noi due.   p. 120.

22. Era per l'appunto un avvocato delle bestie, membro della Società protettrice degli animali, e se ne vantò, e tirò fuori un taccuino per segnarci il numero della giardiniera, dicendo che <u>sarebbe andato</u> in persona alla direzione.   p. 131.

,24,25. E ragionarono un pezzo per dimostrarsi a vicenda una cosa di cui erano già tutti convinti: l'assurdità dell'Idea che la festa esprime. Ma li ascoltavo quasi con piacere, pensando al tempo in cui <u>sarebbero parsi</u> altrettanto strani quei ragionamenti quanto paion tali al presente i ragionamenti opposti Strana cosa, infatti, degna d'una favola d'Esopo: l'onda del mare che si stupisce e s'adira d'essere incalzata da un'altr'onda, e le grida: - Va indietro! Ma quel piccolo mormorio di voci ingrate si perdette ben presto in quello grande, ch'io sentivo nella mente, d'altri innumerevoli benpensanti come quelli, dicenti le stesse stessissime cose, percorrendo sui tranvai altre centinaia di città, vicinissime e lontanissime, di là dai monti e dai mari, di cento aspetti diversi, mentre si preparavano intorno a loro, come ai loro amici ignoti di Torino, altre adunanze e feste e passeggiate campestri, nelle quali, per la seconda volta sulla terra, milioni d'uomini <u>avrebbero espresso</u> in venti lingue gli stessi propositi e le stesse speranze che ai miei vicini parevan follìa. E mi pareva che l'aria di maggio che m'alitava in viso mi portasse un'eco vaga di quelle voci infinite, confuse in un suono solenne e dolce, come un sospiro del mondo, risvegliato dal sentimento della primavera.

Eppure ero triste; con la data del mese mi ritornava in capo di continuo il pensiero d'un edifizio, già eretto e compiuto con cinque anni di fatiche, di cure amorose e di passione ardente; il quale un giorno, in un momento di potente chiaroveggenza critica, avevo visto tutt' a un tratto, come per un crollo di terremoto, spogliarsi del suo intonaco, aprirsi dal tetto alle fondamenta e rovinare in mille frantumi. Quella data riconduceva forzatamente il mio pensiero fra quelle rovine, che non <u>avrei più potuto</u> ricomporre che con altri più anni di duro lavoro, e dopo che mi si fosse fatto serena la mente per concepire un nuovo disegno:............ pp. 156-157-158.

6. Era felice, quel giorno; l'idea della passeggiata campestre pomeridiana lo eccitava; aveva già corso non so quante linee del tranvai per andar a sollecitare dei compagni irresoluti, sapeva quello che si <u>sarebbe fatto</u>, nelle principali città straniere, pregodeva il piacere del leggere le notizie del dì dopo, diceva:.......... p. 159.

7. E presagiva dove <u>sarei andato</u> a finire: in un luogo dov'egli m'avrebbe chiuso subito, se avesse potuto. p. 160.

Trovo fra gli appunti d'una sola corsa la storia interminabile del cambiamento d'un'unghia del piede, raccontata da un

~~operaio piede, raccontata da un~~ operaio al cocchiere, mentre
un medico, che gli stava accanto, spiegava a un terzo in
che modo dovesse far aprir le mascelle al suo cane da caccia
per cacciargli in gola ogni mattina una cucchiaiata di sale,
che l'<u>avrebbe</u> <u>guarito</u> dal raffreddore; ...... p. 162.

29,30. E nel guardar.......quell'atto che pareva dire:
Vedete, questa poveretta che a nessuno piace e che nessuno
guarda è il mio amore, il mio tesoro, la mia vita, - mi commosse quest'idea: che a pigliarsi una libertà simile egli era
stato forse incoraggiato dal pensiero umile e triste che una
dimostrazione d'affetto fra due povere creature come loro non
<u>avrebbe</u> <u>attirato</u> l'attenzione d'alcuno, non <u>sarebbe</u> forse
nemmen <u>parsa</u> una dimostrazione d'amore.   p. 180-181.

31,32. E mi faceva anche più pietà poco dopo, quando lo vidi chiedere
i soldi ad alcuni passeggieri con una cortesia umile e quasi
peritosa, come se in ogni persona egli vedesse un nemico che
gli bisognasse ammansire, un difensore che gli convenisse d'assicurarsi. Povero ragazzo! E pensavo a chi sa quanti, per il
ritardo d'un secondo a far fermare il tranvai o per una
parola d'osservazione sopra un soldo sospetto, l'<u>avrebbero</u>
quella sera stessa <u>trattato</u> d'infingardo o di villano e
<u>minacciato</u> d'un ricorso alla direzione.   p. 186.

33,34. Vedendomi, si <u>sarebbe</u> egli <u>ricordato</u> di quell'atto, e
m'<u>avrebbe</u> ancora <u>mostrato</u> nello sguardo il sentimento che
gliel'aveva fatto compiere, o un sentimento opposto, o
indifferenza soltanto?   p. 237.

5,36. E di nuovo accennava a torti propri, a virtù di lei, alla
assistenza ch'essa gli aveva fatta quand'era stato malato,
al rimorso ch'egli <u>avrebbe</u> sempre <u>avuto</u> di non essersi portato
con lei da buon marito, all'amore che la <u>avrebbe dimostrato</u>
di lì avanti, cangiando condotta, e perseverando sulla buona via,
fina al moment de sarà i oeucc. p. 241.

37. Ma non m'ero certamente ingannato: l'amore doveva essere già
malaticcio, e mi diceva al cuore che un giorno l'<u>avrei visto</u>
trasportar dal tranvai, come da un carro funebre, morto di
consunzione. p. 249.

38. Io lo incoraggiai, paternamente. Che diavolo! se non faceva
breccia un uomo come lui, un Ercole gentile, bello, artista,
sul fior de l'età, chi l'<u>avrebbe fatta</u>? p. 256.

,40. In lui era la dottrina del Rénan, l'Avvenire della Scienza,
ridotta in questa sola idea semplicissima: che grazie ai progressi indefiniti della scienza, e in particolar modo della
meccanica, l'uomo <u>sarebbe riuscito</u> un giorno a provvedersi
così abbondantemente e con così poca fatica quanto gli abbisogna, che ogni miseria, ogni ingiustizia, ogni lotta sociale
<u>avrebbe avuto</u> fine come la tempesta al cader del vento.

p. 278.

42,43. Ed io non potevo staccar gli occhi da loro, e al pensare
che altre migliaia di ragazze come quelle, che altri milioni di
creature umane d'ogni età e d'ogni stato erano in quei giorni
altrettanto smaniose di veder quell'immagine, e che quella

immagine d'una fanciulla illustre e gentile, sì, ma sconosciuta
fino a ieri, <u>sarebbe stata cercata, commentata, contemplata</u>
religiosamente così, come non fu mai quella d'alcun eroe, o uomo
di genio o benefattore immortale dell'umanità in alcun paese
e in alcun tempo, ero preso da uno stupore profondo, come davanti
a un grande mistero, come all'intuizione confusa di qualche
istinto non ancora scoperto o compreso dell' anima umana.

p. 288.

5,46. Ma è un' indegnità! Gli dovrebbe rompere l'ombrello sul
muso! - Un signore celione disse che ci <u>sarebbero voluti</u> dei carrozzoni
salvataggio, per signore sole, circolanti per le vie principali.
Ma un mio amico, che m'era accanto, quello dei sette peccati
capitali, lo Schopenhauer, gli osservò, con un sorriso sarcastico,
che <u>sarebbe stato</u> un servizio passivo. E aggiunse che, secondo
lui, c'era invece un altro servizio speciale di tranvai chiusi,
sul modello delle carrozze cellulari, il quale <u>avrebbe dato</u> agli
azionisti un grasso dividendo. p. 300.

7. Le bisognava una cura lunga, e per questo ella si <u>sarebbe intesa</u>
con sua madre, a cui la riportava. p. 327.

8. Eppure, sì, quell'acquolina "amaricante" stuzzicava la fame,
ed egli <u>avrebbe dovuto</u> tribolare il doppio quella mattina per
arrivare all'ora della macinatura. p. 364.

9. La più giovane, con un cappellino incoronato di magnolie,
giurava che sui nuovi tranvai elettrici non <u>avrebbe</u> mai <u>messo</u>
piede,..... p. 370.

-64-

50. Ero ben certo che mi <u>avrebbe</u> sempre <u>odiato</u>; ma il suo sguardo mi fece capire in quel punto che la scena del Grido e della Lotta aveva invelenito terribilmente il suo odio, e che egli covava in petto il proposito d'una vendetta.   p. 379.

51. E quella povra fia come <u>avrebbe passato</u> l'inverno con quella scellerata tosse che le schiantava l'anima?   p. 383.

52. Gli dicevano che le <u>avrebbe giovato</u> l'aria della riviera.
p. 383.

53. Eh si! Ma l'insegna dell'albergo dove l'<u>avrebbero tenuta</u> gratis, quella non gliela dicevano.   p. 383.

54. E L'ho seguita con gli occhi fin che potei, con un senso di stupore misto di sgomento, pensando che un giorno solo, un caso, un punto della mia vita <u>avrebbe potuto</u> far sì che un altro mio amico, in quello stesso giorno, ritrovasse me su quel tranvai, con quel berretto gallonato sul capo, in atto di dire a lui: - Signore, il biglietto. ....   p. 389-390.

56. Salendo, vidi alzarsi un cappello a cencio da una testa che a tutta prima mi riuscì nuova; ma nell'atto di sedere sulla panca davanti riconobbi un muratore venuto tre anni addietro a casa mia per darmi dei ragguagli intorno al lavoro dei garzoni, quando pensavo di scrivere sulle fatiche precoci dei ragazzi; e nell'atto stesso vidi accanto a lui l'operaio della caramella, sua moglie e il piccino, seduti anch'essi sulla stessa panca. Vidi passar nell'occhio del marito, nel momento che si fissò nel mio, il ricordo di quella scena: non altro che un'ombra

sfuggevole, ma che era ancora di rancor voluto, più che di rammarico, e al tempo stesso una mal celata espressione di stupore ch'io fossi conosciuto e salutato quasi amichevolmente dal suo compagno. Sedetti, voltando le spalle a lui e agli altri tre, e stetti in una vaga aspettazione, non so ben di che, inquieta, e pure piacevole, pensando che la curiosità gli <u>avrebbe fatto</u> domandare all'amico chi fosse lo sconosciuto che egli aveva offeso, e che una parola di quello <u>sarebbe bastata</u> a mutargli in tutt'altro senso quell'antipatia cieca, ch'era nata, come tante nascono, non dal risentimento d'un torto patito, ma dalla coscienza amara e dispettosa d'un torto fatto.   pp. 293-393.

57. Appena seduto, in fatti, udii delle voci sommesse, da cui compresi che le teste si erano avvicinate; ma durarono pochi secondi, e la brevità del colloquio, appunto, m'accertò di quanto già l'altra volta m'aveva fatto supporre il giornale che gli avevo visto leggere: che soltanto il mio viso essendogli sconosciuto, non gli <u>sarebbe occorsa</u> alcun'altra notizia o spiegazione quando avesse inteso il mio nome. p. 393.

58,59. E pensavo pure ch'egli <u>avrebbe voluto</u> fare un atto, dirmi una parola che m'esprimesse il suo sentimento; ma non immaginavo in qual modo si <u>sarebbe potuto</u> esprimere senza fare al proprio orgoglio una violenza che sapevo difficile, io che in tanti altri casi simili non ero riuscito a farla al mio. - Non farà e non dirà nulla - pensavo - mi saluterà al momento di scendere, e sarà tutto.   p. 394.

0,61. Quanto più s'avvicinava la fine dell'anno, tanto più sovente pensavo al giorno in cui **avrei abbandonato** la "carrozza di tutti", che era da molto tempo il mio pensiero assiduo; e presentivo che **sarebbe stato** triste per me, come per il romanziere il separarsi dal mondo del suo romanzo; con questa differenza, ch'io non mi separavo da fantasmi, ma da gente viva.
                  p. 395.

2,63. **Avrei continuato** a correre sui tranvai, certamente, e a vedere i miei personaggi e scene e casi curiosi; ma con la mente occupata da altri pensieri, non osservando più che per caso, non facendo più gite con quel proposito, non più tendendo l'orecchio, nè cercando o interrogando; e i miei personaggi familiari si **sarebbero sbiaditi** a poco a poco ai miei occhi, per rientrare poi e finir con perdersi nella folla.
                  p. 395.

64. Sì, col novantasei si **sarebbe chiuso** un anno veramente singolare della mia vita, e benchè ne desiderassi la fine per riacquistare la mia libertà di spirito, pure non avrei voluto insieme che si allontanasse; e per questo moltiplicai le corse, in quell'ultimo periodo, e cercai e osservai con più viva alacrità avvenimenti e persone, come per vivere più intensamente e prolungare nel mio pensiero il breve tratto di tempo che mi rimaneva.
                  pp. 395-6.

65. Sulla giardiniera c'era un carico di corone e di ghirlande, adagiate o tenute ritte sulle ginocchia da signore e da donne

del popolo; alcune di viole del pensiero e di rose bellissime; e forse ci sedeva già vicino e le adocchiava il ladro mortuario che ne <u>avrebbe rubato</u> il nastro la notte. p. 398.

,67. Stando ritto in fondo, vedevo dentro il vano d'una gran corona di mirto e di semprevivi le teste combaciate d'un giovane e d'una ragazza che tortoreggiavano sulla panca davanti, e quell' idillio chiuso in quella cornice funebre mi faceva pensare a quante altre parole d'amore si <u>sarebbero scambiate</u> quel giorno, a quanti innamorati <u>avrebbero pedinato</u> le belle in mezzo alle croci e alle tombe, spandendo qua e là sulle iscrizioni dolorose la gioia degli sguardi e dei sorrisi corrisposti. p. 398.

,69. Ed io pensavo con grande pietà che quell' uomo s'era battuto per il suo paese, che aveva ammirato ed amata caldamente nomi politici cari a me pure, che un mio semplice accenno al suo Garibaldi era bastato a farlo vergognare d'un atto brutale; ma che allora, per certo, se anche fosse stato meno ubbriaco, nessuna mia parola, nessun nome caro, nessun richiamo al suo passato di soldato, <u>avrebbe</u> più <u>destato</u> in lui alcun sentimento nobile e forse neppur più <u>risvegliato</u> nel suo cervello alcuna memoria. p. 408.

70. E presentii che non l'<u>avrei visto</u> mai più. p. 409.

71. Dissi allora nell'orecchio al signore che quella donna aveva un figliuolo prigioniero del Negus, e non sapeva della pace, e che se m'avesse favorito il giornale le <u>avrei data</u> io la notizia. p. 410.

72. C'era una ragazza del popolo che lasciava gli occhi addosso agli orecchini, come affascinata, e diceva con gli occhi che per portare un'ora al giorno quelle due stelle appese al capo <u>avrebbe acconsentito</u> allegramente a campar di pan duro e di mele verdi. p. 422.

73. Col nuovo mese fui preso da un nuovo ardore di correre su tutte le linee alla caccia dei personaggi e delle avventure, illuso da questa ingenua speranza d'almanaccone superstizioso: che perchè avevo un libro da finire m'<u>avrebbe aiutato</u> la fortuna, presentandomi casi e scene singolari, adatti a dare alla "Carrozza di tutti" una chiusa di romanzo; e già covavo sotto a quella speranza la tentazione di far tutto di fantasia l'ultimo capitolo, se la fortuna mi fosse fallita. p. 432.

74. - "Quegli scatarroni mezzi morti" - quei vecchi reazionari della malora..... - la legge <u>sarebbe stata</u> in vigore da un pezzo se non fosse dovuta passare per quell'anticamera del camposanto dove tutte le riforme in pro del popolo erano ferocemente combattute....... p. 439.

75. M'abbordò con Antonio Maceo, domandandomi se credevo che gl'insorti cubani <u>avrebbero proseguito</u> la lotta non ostante la sua morte...... p. 446.

76. Dopo qualche preambolo, infatti, smettendo a un tratto la serietà politica m'annunziò con una gioia visibilissima che forse ..... fra qualche mese .... se tutto andava bene .... la causa socialistica <u>avrebbe avuto</u> un soldato di più. p. 446.

- Restava soltanto a sapersi se <u>sarebbe stato</u> un compagno o una compagna.
p. 446.

- Poi, all'improvviso, parendogli d'avermi parlato con troppa famigliarità dei fatti suoi, fece di nuovo il viso serio per domandarmi se credevo alla voce corsa dello scioglimento prossimo di tutti i circoli socialisti e di tutte le camere di lavoro della Liguria; ma, vedendomi sorridere, e insistendo io perchè mi riparlasse della sua famiglia, che m'<u>avrebbe fatto</u> molto piacere, m'afferrò il braccio in segno di gratitudine e ricominciò con maggior effusione.
p. 447.

Qualche volta, quando sentivamo insieme una buona musica, senza bisogno di parlarsi, essi si commovevano tutti e due fin quasi a piangere, pensando ai compagni degli altri paesi, all'opera di tutti, all'avvenire, al loro bambino che <u>avrebbe visto</u> un mondo migliore.
p. 448.

Ed io alla mia volta, guardando quel bel giovane, quel "nemico della famiglia" così innamorato e felice, pensavo quanto la famiglia lo nobilitava e gli dava forza, quanto era sano e fecondo l'amore in lui, in quella prima giovinezza in cui il matrimonio appare ancora alla più parte dei giovani della borghesia una cosa lontana, una fine da farsi dopo molti anni d'amori vagabondi, di seduzioni, d'adulteri, un buon contratto per arrotondare il patrimonio o una buona alleanza per affrettar la carriera; e mi confermavo nella fede che fosse davvero un mutamento sociale benefico e santo quello per cui si <u>sarebbe diffuso</u> nella gioventù un tale amore, data la famiglia a tutti in quell'età, che ora non la vuole o non può averla per due ragioni d'interesse o per ignobili ragioni di convenienza.   p. 448.

S'imporporò un poco anche lui, e gli feci le mie congratulazioni: una creatura angelica, che avevo mille volte ammirata, pensando sempre che <u>sarebbe stato</u> fortunato il cittadino d'Italia su cui ella avesse racchiuso le sue ali.   p. 450.

83. Sì, era tutto fissato per il gennaio. Egli era contento. Buona indole, carattere sodo, giudizio, istruzione, molto affezzionata a suo padre, un ex colonnello di fanteria, decorato di due medaglie al valore: <u>sarebbe stato</u> certo un'ottima madre di famiglia e <u>sarebbero vissuti</u> insieme di buon accordo.
   p. 450.

Sa che è studentessa di medicina? - mi domandò. Finsi di non saperlo, e gli chiesi celiando s'egli le <u>avrebbe lasciato</u> continuar gli studi.   p. 450.

86. Era felice, sì, proprio. E me lo confermò lo sguardo e l'accento involontario di pietà col quale, per cambiar discorso, mi domandò se procedeva il mio lavoro, come domanderebbe un milionario a un parente povero se è bene avviata una sua lite per un' eredità di qualche centinaia di lire; felice al punto che nel domandarmi ancora se nel mio libro ci <u>sarebbe stato</u> anche lui, mi lasciò quasi comprendere che non gli <u>sarebbe spiaciuto</u> di entrarci.   p. 452.

88,89,90. Ma quello che più mi irritò non fu la sua gioia di quel momento: fu il pensare che <u>avrebbe portata</u> quella gioia a casa, <u>descritto</u>, il quadro in famiglia, <u>esilarato</u> gli amici al caffè; che quel mio ammanettamento ideale <u>sarebbe servito</u> in gran parte - oh, senza dubbio! - ad abbellirgli le feste di Natale.   p. 455.

Fui tentato di scendere subito; ma mi rattenne un altro poco il pensiero ch'egli <u>avrebbe goduto</u> anche di quella fuga, dicendo: - Eh, già, si capisce, si sentiva a disagio.....   p. 455.

E in quell'alto li lasciai, mandando un buon augurio a tutti e due, e uno al nuovo personaggio, che avevo amato io pure, di cui ero stato padrino in cuor mio prima che nascesse, e che <u>sarebbe stato</u> un ricordo gentile di tutta la mia vita.   p. 460.

E rideva, dicendo questo, e faceva la gobba come se quel ben di Dio l'appettasse alla barriera di Francia, sul piccolo desco dei lupicini; al quale nemmen quella sera, pover'uomo, non si <u>sarebbe potuto</u> sedere. Ma troncò quel discorso per fare i suoi complimenti a una giovine bambinaia che salì sulla piattaforma, con una bellezza di bimba in braccio.   p. 470.

a. Salvatore: "Mio Figlio" (Decima Edizione, 1909)

Ma allora Evangelina, facendosi forte della sua esperienza di buona massaia, mi dimostrava come due e due fan quattro che, tirati bene i conti lo stesso desinare della trattoria ci <u>sarebbe costato</u> molto più in casa; e a me non rimaneva che inchinarmi alla sua dottrina, e pregarla con un sorriso di perdonare ad un grosso ignorante la felicità di cui non aveva merito.

 p. 22.

2. Dallo a me - gli dissi solennemente. E non glielo dissi, ma gli feci intendere che col babbo <u>sarebbe</u> subito <u>stato zitto</u>.

 p. 60.

3. "Siete in tanti e siete cronici, ma è tutt' uno, non mi farete morire più d'una volta"; - ora invece sentivo bene che il mio stoicismo non mi <u>avrebbe servito</u> a nulla;.........

 p. 81.

,5. — Trentacinque lire ogni mese! - esclamai - non <u>sarebbe bastato</u> separarmi dal sigaro per sempre; forse <u>avrei dovuto</u> fare qualche altro sacrificio.

 p. 98.

6. L'ottimo farmacista non parve punto meravigliato del mio mutamento di proposito; e dopo d'aver osservato con la stessa profondità della prima/volta che quando non si può..... è meglio, mi disse che aveva il fatto mio, e che l'<u>avrebbe mandata</u> ad avvertire.subito.

 pp. 199-200.

7. Io poi vi aggiungeva mentalmente un'altra nota, quella della mia creatura, perchè sapevo bene che il povero Augusto <u>avrebbe passato</u> in quella stalla il rimanente del suo primo inverno.

 p. 104.

8. Io la consolai facendole osservare che, per pigliarci la balia in casa, un anno di patrocinio non <u>sarebbe bastato</u>. p. 127.

9. Mi buttò le braccia al collo e mi confessò commosso che aveva

voluto litigare con Giovanni Resta tanto per darmi una causa, che del rimanente Giovanni Resta era un galantuomo, ed <u>avrebbe</u> benissimo <u>potuto</u> giurare il falso in buona fede.   p. 132.

10. ------ed ecco Evangelina si accostava alla finestra e tornava a dirmi che pioveva; cioè che nei nostri calcoli della vigilia avevamo dimenticato il conto della legna, o quello della lavandaia, e che in sostanza prima del mezzodí, in tutta la casa dell' avvocato Placidi non <u>sarebbe rimasto</u> un soldo, a pagarlo un milione.   p. 135.

1. E un giorno, un bellissimo giorno d'aprile, Augusto venne con un mazzolino di viole in ogni mano. Le viole piacevano tanto alla mamma, e la balia lo sapeva, ma qualcuno forse aveva detto a mio figlio che, regalate da lui, le viole <u>sarebbero piaciute</u> tanto anche al babbo, e perciò egli ne aveva voluto due.
   p. 158.

2. Tenevo Augusto in braccio, pensando che fra pochi minuti egli comincerebbe a essere interamente mio figlio. Sorridevo al disgraziato Giuseppe, e intanto pensavo che lo <u>avrei spinto</u> volentieri fuori dell'uscio.   p. 160.

3. Augusto mi rispose assolutamente di no; perchè i libri di quell'anno erano tanti, ed erano grossi, ed erano belli, perciò li <u>avrebbe tenuti</u> con mille riguardi.   p. 175.

. Quando tu sarai grande, il babbo sarà vecchio vecchio..... avrà i capelli bianchi - (mi guardava per anticipare con la immaginazione i guasti che il tempo <u>avrebbe fatto</u> nella mia persona)....... p. 251.

5. Mi lesse in faccia che la risposta non lo <u>avrebbe contentato</u>, e si affrettò a togliermi con garbo l'arma che mi aveva messo sbadatamente nelle mani. p. 295.

6. La notte prima, all'ora di entrare in letto, un telegramma era venuto a dirgli che il colonnello Ipsilonne, antico compagno d'armi che egli credeva morto nella battaglia di Novara, <u>sarebbe arrivato</u> all'una dopo mezzanotte per ripartire alla alba. p. 325.

7. La nuova amica di casa, la filosofia, mi tirava per la falda dell'abito e mi assicurava che a una certa età io pure <u>sarei ridiventato</u> bambino per non contare più gli anni. p. 375.

8. < Figlio caro-scrissi subito, sopra un altro foglio, dopo essermi assicurato che nè l'avvocato Volli, nè altri mi <u>sarebbe venuto</u> a interrompere......... p. 390.

9. Lo devo dire? Non solo ero felice e non desideravo nulla, ma mi pareva che un figlio mi <u>avrebbe dato</u> più noia che piacere.

p. 20.

0. Poveretti tutti e due, Evangelina con la sua dote mingherlina, io co'miei codici e col mio diploma dottorale, facevamo galloria spendendo l'avvenire.

Pensandoci bene, doveva essere chiaro a tutti che un figlio per noi <u>sarebbe stato</u> un lusso pernicioso; e non capivo come quel buon uomo di mio suocero......si ostinasse a credere che l'appendice di un figlio fosse necessaria alla nostra felicità.

pp. 20-21.

21. In quel viaggio amoroso, mio figlio pigliava mille aspetti; ora si accontentava di saltare poco più d'un annetto, era slattato appena, moveva i primi passi barcollanti, passava sotto la mensa senza curvarsi e veniva ad appoggiare la testina ricciuta al mio ginocchio; subito dopo era uno studente chiassoso all'università, camminava con un grosso bastone in mano, empiva le strade di Pavia delle sue prodezze notturne, giocava al biliardo e si beccava l'esame di diritto canonico; poi tornava a Milano addottorato "in utroque", a meravigliare con la sua eloquenza mio suocero, il quale l'__avrebbe__ sempre __creduto__ un ingegnere; proteggeva i pupilli e le vedove - furfantello! - poi s'innamorava d'una bella fanciulla di 18 anni, io dava il consenso e lui se la sposava e mi faceva nonno. pp. 78-79.

22. Laurina aveva inteso benissimo che quel deterioramento di suo padre __sarebbe stato__ un ostacolo grave alle nozze, e rinunziò subito al suo fidanzato, per sceglierne un altro.

p. 252.

rina, Salvatore: "Fante di Picche" 1874. (Non vi si trovano esempi).

acosa, Giuseppe: "Come le Foglie" (Settimo migliaio, 1901).

1. Era chiusa in camera. Ho dovuto parlarle attraverso l'uscio. Ha risposto che __avrebbe mandato__ prima di partire. L'altro strepitava. Ho pagato io ottanta lire. p. 20.

2. **Giulia a Lucia**

Hai consegnato in persona i miei biglietti?

Lucia

Il conte Filippo dormiva ancora. L'ho dato alla cameriera. Il signor Sarzana l'ho incontrato per le scale e mi ha detto che <u>sarebbe andato</u> alla stazione. Don Michele è venuto lui in anticamera a consegnarmi quel biglietto. Mi ha domandato a che ora partivano; si troverà alla stazione anche lui.

p. 56.

3. **Giovanni**

Va là, che ha fatto assai. D'altronde mia sorella mi ha detto ieri che <u>sarebbe venuta</u> stamattina a salutare Nennele che è sua figlioccia e lo diceva con intenzione. M'aspetto già che le porterà una qualche somma.

p. 69.

4. **Giovanni**

Mi ha portato in casa un avvocato perchè mi persuadesse a frodare i creditori. Mi proponeva degli atti simulati.....per cessione della villa......voleva vendere questi arazzi, alla macchia, e quando le dissi che <u>sarebbe stata</u> allora la bancarotta fraudolente, il processo.....la prigione, sai cosa mi ha risposto? Mi ha risposto: Non faranno in tempo. Saremo partiti.

p. 71-72.

5. Giovanni dal lato opposto della scena, a Massimo.

Guardali. Guarda mia moglie. Guarda mio figlio. Ti sembrano compresi del loro stato? Tu non sai, tu non sai..........

Massimo scuote amorevolmente Giovanni.

Coraggio, Zio.

> Giovanni.

Tu non sai. Non li conoscevo. La colpa è mia. Ma la prosperità acciera. Ah la grazia, la gentilezza, cosa nascondono! Vedrai Massimo. Lasciarli qui? <u>Avrebbero seguitato</u> una vita di dissipazione equivoca. Ah no! con me, con me. Se pure basterà.

p. 76; pp. 77-8.

6.   Nennele a Tommy.

Un giorno solo hai durato! Ti stancava? Ti sentivi umiliato eh! Come io alla prima lezione. Ti pareva una cosa meschina e grossolana. O forse lo pensavi già da principio che non <u>avresti durato</u> a quel lavoro?

p. 231.

7.   Nennele a Tommy.

Lo pensavi già da principio, di', che non <u>avresti durato</u> a quel lavoro? Fino da quando hai detto a Massimo che lo accettavi?

p. 233.

8.   Tommy.

Difficile! Quando ho accettato ero persuaso di volerci durare ..... Ma, se mi hai visto, mi son messo subito a scrivere un biglietto per mandarlo laggiù dove mi aspettavano a colazione. E mentre scrivevo, sentivo una voce ironica dentro di me! Bravo. Tieni una porta aperta. E ero stupito che la decisione non m'avesse costato più sforzo. Mi dicevo: Al momento buono vorrò. Contavo che le cose mi <u>avrebbero preso</u>. Ci sono andato. Il padrone mi ha fatto visitare tutta la fabbrica. Bello! Un apparato di energie delicate e sicure. Poi mi ha condotto nel suo studio e mi ha dato a scrivere due o tre lettere....... da nulla. Nulla mi ha colpito. Nessuna fatica, nessun disgusto. pp. 234-235.

nnunzio, Gabriele: "Il Fuoco" (18° migliaio, 1905).

1. Non credete voi, Perdita, - disse dopo una pausa Stelio, abbandonandosi al corso lucido e tortuoso del suo pensiero che, come i meandri del fiume formano, circomprendono e nutrono le isole nella valle, lasciava nel suo spirito oscuri spazi isolati dove egli sapeva bene che nell'ora opportuna <u>avrebbe trovato</u> quella nuova ricchezza - non credete voi al beneficio occulto dei segni? p. 23.

3. Così egli la fingeva al suo desiderio: e palpitava pensando che fra breve l'<u>avrebbe veduta</u> emergere dalla folla come dall' elemento a cui ell'era asservita e <u>avrebbe attinto</u> dallo sguardo di lei l'ebrezza necessaria. p. 55.

4. Avere.....tante volte, su la scena, dinanzi a una platea ardente, aver pronunziato con un brivido qualche parola immortale pensando a quella che un giorno voi <u>avreste</u> forse <u>voluto</u> dare alla folla per mezzo della mia bocca....... p. 248.

5. Ma il millantatore, prima di prender commiato, convitò la compagnia a udire la sua nuova musica pel giorno della Sensa e pro-

mise che il Doge sul suo Bucintoro si <u>sarebbe arrestato</u> nel mezzo della laguna ad ascoltare.
                     p. 503.

5. Quella sera corse voce a Venezia che Dardi Seguso avesse perduto il senno: e il Consiglio che era tenerissimo dei suoi vetrai, inviò a Murano un messo per novelle. Il messo trovò l'artefice con la sua cortigiana Perdilanza del Mido che lo accarezzava inquieta e sbigottita perchè le pareva ch'egli farneticasse. Il maestro, dopo averlo guardato con occhi fiammeggianti, ruppe in un potentissimo riso che fece sicurtà del suo animo più che qualunque parola; e calmo gli ordinò di riferire al Consiglio che, per la Sensa, Venezia, con San Marco, col Canalazzo e col Palazzo del Doge, <u>avrebbe avuta</u> un'altra meraviglia.
                     p. 504.

8. Egli seguì il francescano sotto il piccolo portico dal soffitto di travi, dove pendevano i nidi vacui delle rondini. Prima di varcare la soglia, si volse a salutare l'amica. La porta si chiuse. ....L'orrore dell'assenza, il peggiore dei mali, apparve all'anima amante. Il suo amico non era più là......
"se non tornasse più indietro, se quella porta non s'aprisse più". Non poteva essere. Egli certo <u>avrebbe rivarcata</u> la soglia fra qualche minuto, ed ella lo <u>avrebbe ricevuto</u> nelle sue pupille, e nel suo sangue.
                     p. 532.

9. La donna aveva un viso di neve una bella bocca robusta, fatta di linee ferme e nette, rivelatrici d'un anima tenace; e i suoi occhi di chiaro acciaio erano di continuo fissi su colui

che l'aveva eletta per compagna nell'alta guerra, di continuo adoranti e vigilanti su colui che, avendo vinto ogni cosa nemica, non <u>avrebbe potuto</u> vincere la morte ond'era minacciato di continuo.   p. 265-266.

- La solitudine del passato le riapparve spaventavole. Non vide nel futuro se non la morte o quella salvezza. Pensò che <u>avrebbe sostenuto</u> tutte le prove per meritarla, la considerò come una grazia da impetrare; fu invasa da un religioso ardore di sacrifizio.   p. 456.

ina, Giacinto: "Gli occhi del Cuore" 1883.

Emilia.

Credevo che, tranne la nonna, tutti ignorassero il nostro amore; ma vedo che non è un secreto per nessuno.........Non prenderti pena per me, zio mio! Avevo già il presentimento che Stefano non <u>sarebbe</u> più <u>ritornato</u>.....adesso ho perduto anche l'ultimo raggio di speranza e tanto meglio!   p. 32.

Teresa ad Emilia.

E dargliela! Lo capite sì o no che non c'è nessun motivo per compiargermi? Che ci vedo benissimo come gli altri?.........
Dieci anni fa, quando mi è successa la disgrazia, come la chiamate voialtri, io non ho sofferto che per tuo padre. Non c'è stato verso di persuaderlo ch'io <u>avrei veduto</u> ancora i suoi quadri. Quelli che non vedono nulla non sono già ciechi, sai, sono gli sciocchi. Io ho qui (toccandosi il cuore) ciò che mi

manca qui (toccandosi gli occhi)......   p. 53.

3.   Emilia.

Bada: Se per colpa nostra la nonna dovesse sospettare la verità......... ti giuro che mi **avresti perduta** per sempre.....non t'amerei più.   p. 68.

4.   Teresa.

Vedete se l'ho riconosciuto subito! Vieni qua, ero certa io che **saresti ritornato**! Bravo, figlio mio, come va? Ti ricordi sempre di noi?   p. 72.

5.   Teresa.

Mio figlio aveva impiegato tutto il suo nelle campagne....... Può figurarsi i ringraziamenti, le lagrime di Marco, e fu in quel momento ch'egli promise solennemente ad Alberto che non **avrebbe mai più giocato** in vita sua.   p. 130.

Gallina, Giacinto: "La Mamma non Muore" 1884.

     [Non vi si trovano esempi]

Deledda, Grazia: "Cenere" 1903.

1,2. Egli parlava sul serio, con gli occhi splendenti di sogni aurei; se però gli avessero chiesto che **avrebbe fatto** dei tesori che sperava ritrovare, forse non **avrebbe saputo** dirlo.
       p. 8.

3,4 Ah! chi si <u>sarebbe</u> più <u>curato</u> dei poveri orfanelli? Chi <u>avrebbe</u> <u>dato</u> loro da mangiare e da bere, chi preparerebbe il pane nella cantoniera, chi laverebbe più i panni nel fimme azzurro?   p. 14.

5. Anania era il primo della classe e fin d'allora tutti dissero che egli <u>sarebbe diventato</u> medico o avvocato o magari giudice.
                                                                   p. 92.

6. E non pensava che la sua missione poteva prolungarsi indeterminatamente e senza esito; e l'idea che rinunziando alla sua missione <u>avrebbe potuto</u> sperare nell' amore di Margherita gli sembrava monstruosa.   p. 129.

7. Che <u>avrebbe</u> egli <u>veduto</u> dalla finestra della cameretta che l'aspettava a Cagliari? Il mare?

8,9. Glielo dirò a voce, pensava, ma sentiva che tanto meno a voce <u>avrebbe avuto</u> il coraggio di spiegarsi, e s'adirava per la sua viltà, ma nello stesso tempo si confortava nella vergognosa certezza che la sua viltà appunto gli <u>avrebbe impedito</u> di compiere quella che egli chiamava la sua missione.   pp. 161-162.

10. Depose la forchetta attraverso il piatto e dichiarò che non <u>avrebbe continuato</u> a mangiare se non parlavano. p. 213.

11. Voleva dare lezioni per proseguire gli studi senza essere oltre di peso al suo benefattore, voleva presentarsi al signor Carboni per fargli la domanda di matrimonio; voleva

infine far capire alla famiglia di Margherita che egli
sarebbe stato il suo conforto ed il suo orgoglio.   p. 221.

12. E zia Tatàna preparava ancora i dolci per il suo diletto
"ragazzino", sognando il giorno della sua laurea e già numerando
col desiderio i presenti che amici e parenti gli avrebbero
inviato, ed Anania grande, nei giorni di riposo, ricamava una
cintura di cuoio, seduto in mezzo alla strada, e pensava ai
tesori nascosti nei nuraghes,   pp. 225-226.

13. Egli la strinse a sè, chiuse gli occhi, nascose il viso
sull'omero di lei, concentrandosi per vedere tutta l'immensità
della sua fortuna. Era mai possible? Margherita sarebbe
diventata sua? Sua davvero? Sua nella realtà come lo era
sempre stata nel sogno?   p. 226.

14. Egli arrossì: capì che non avrebbe mai avuto il coraggio di
presentarsi al padrino per rivelargli il suo amore.
                                            p. 228.

15. Perchè ora ella osava ribellarglisi, perchè voleva sfug-
girgli ancora? Non capiva che egli le avrebbe impedito di
far ciò, anche a costo d'un delitto?   p. 282.

16. Alle quattro, infatti, egli passò davanti alla porta di
Margherita, ma non potè fermarsi, non potè suonare. E
passò oltre, avvilito, pensando di ritornare più tardi,
ma convinto, in fondo, che non sarebbe riuscito giammai ad
aver il colloquio col padrino.   pp. 293-294.

B. Specchietto riassuntivo contenente:

Nome dell'autore - Luogo di nascita - Date di nascita e di morte	Titolo e data del libro	Numero di pagine nel libro	Numero totale di esempi citati.
1. Dante, Alighieri Firenze, (1265-1321)	La Vita Nuova 1290	283	0
	Convivio 1303-1309	101	0
2. Boccaccio, Giovanni Parigi(?) (1313-1375)	Il Decamerone (Vol I)1348-53	384	0
3. Sacchetti, Franco Firenze, (1335-1400?)	Le Novelle (Vol I) 1395	372	0
4. Sercambi, Giovanni Lucca (1347-1424)	Novelle 1374(?)	408	1
5. Masuccio, Slaernitano (1420- ?)	Il Novellino 1476	538	9
6. Bembo, Pietro Venezia (1470-1547) (Scrive come il Petrarca)	Gli Asolani 1505	267	0
7. Machiavelli, Niccolò Firenze (1469-1527)	Il Principe 1513	146	0
8. Bandello, Matteo Castelnuovo Scrivia (1485-1562)	Novelle (Parte 1^a)1554	408	2
9. Cellini, Benvenuto Firenze (1500-1571)	Vita 1558-1562	423	43
10. Grazzini, Francesco,(Lasca) Firenze (1503-1584)	Cene Incominciate prima del 1549	369	4
11. Rinuccini, Ottavio Firenze (1564-1621)	La Dafne 1600	20	0
12. Tassoni, Alessandro Modena (1565-1635)	La Secchia Rapita 1619	321	4
13. Galilei, Galileo Pisa (1564-1642)	Critica Letteraria	66 (173-239)	0

14. Bartoli, Daniello Ferrara, 1608-1685	Istoria della Compagnia di Giesu 1667	145	0
15. Crescimbeni, Giovanni Mario Macerata, Marche (1663-1728)	Storia dell' Accademia degli Arcadi 1712	95	2
16. Monti, Vincenzo Fusignano (1754-1828)	Epistolario 1776-1827	506	6
17. Manzoni, Alessandro Milano (1785-1873)	I Promessi Sposi 1827	574	36
18. D'Azeglio, Massimo Torino, (1798-1866)	Ricordi (Vol I) 1865	399	9
19. Verga, Giovanni Catania (1840-)	Cavalleria Rusticana ed altre Novelle settimo migliaio, 1900.	265	22
20. Fogazzaro, Antonio Vicenza (1842-)	Piccolo Mondo Antico, 1895.	543	34
21. Fucini, Renato Monterotondo, Toscana (1843-)	Poesie 1871	293	0
	Veglie di Neri Seconda edizione, 1883.	251	27
	All'Aria Aperta	283	23
	Nella Campagna Toscana 1908	93	13
22. De Amicis, Edmondo Torino (1846-1908)	La Carozza di tutti 1906 (?)	472	93
23. Farina, Salvatore Sassari (1846-)	Mio Figlio, Decima Edizione, 1909	412	22
	Fante da Picchi, 1874	102	0
24. Giacosa, Giuseppe Ivrea (1847-1906)	Come le Foglie, 1900	275	8
25. D'Annunzio, Gabriele Pescara, Abruzzi (1864-)	Il Fuoco 1898	560	10
26. Gallina, Giacinto Veneziano	Gli Occhi del Cuore, 1883	160	5
	La Mamma non Muore, 1884	127	0
27. Deledda, Grazia Sardegna	Cenere, 1903	322	16

Parte Seconda

A. Conclusioni dedotte dalle opere degli autori ivi studiate.

Eccoci giunti ora al punto di determinare l'epoca quando l'uso del Condizionale Passato pel Presente dello stesso modo cominciò a farsi strada dalla lingua incorretta del popolo, alla letteratura volgare, ed il secolo in cui da questa passò definitivamente alla lingua letteraria italiana propriamente detta. Un esame minuzioso dello specchietto precedente dimostra essere cosa evidente, a me pare, che fu colla "Vita di Benvenuto Cellini" da lui scritta, cioè nel secolo sedicesimo che detta forma divenne parte della letteratura volgare, che a poco a poco si diffuse gradatamente nella lingua letteraria italiana propriamente detta, ed in modo tale, che col Manzoni, vale a dire nel secolo dicianovesimo, prese così ferme radici in essa, che oggidì, è comunemente usata anche dai migliori nostri scrittori (il Fogazzaro ad esempio) di non solo certe regioni ma di ogni parte d'Italia, e perfino dai nostri classici moderni, come il D'Annunzio, il quale è il più eminente fra di loro.

Che diremo però del suo luogo d'origine? Questa pare una questione alquanto difficile a determinarsi. È mia sincera opinione tuttavia che si sia originata in Toscana, quantunque non vi siano prove che essa non abbia potuto esistere in altre regioni allo stesso tempo, poichè se ciò non fosse, e se inoltre non fosse stata pure comunissima fra il suo più che fra gli altri popoli, in ogni probabilità non esisterebbe oggidì nella lingua letteraria italiana propriamente detta, la quale, è cosa certa, ebbe la sua origine dalla lingua popolare toscana e non da altre. Prova parziale della validità di questa mia opinione ne sia l'uso abbondantissimo fattone dal Cellini in paragone ai suoi contemporanei, l'uno del Nord Italia e l'altro dell'Italia del Sud, intendo dire il Bandello ed il Masuccio.

B. Considerazioni sul come detta forma ebbe in ogni probabilità il suo sviluppo nella mente italiana.

L'origine di questa costruzione grammaticale tanto curiosa è certamente paragonabile ai simili cambiamenti di tempo in tutte le altre lingue. Per esempio: - in inglese - "if you make a sound, you die (invece di "You will die", oppure "You shall die") dove il presente sostituisce il futuro; "Thou shalt not steal", invece di "Steal not", dove il futuro viene usato per l'imperativo: in francese (quando si fa una compra qualsiasi) "voilà mon affaire, je le prends", invece di "je le prendrai": in francese, "s'il fût ici": "s'il était ici, je serais content", invece di similmente in italiano, "Se c'era lui, andavo io" per "se ci fosse, andrei."

Simili esempi tutti quanti i quali, è evidente, dipendono da uno sforzo fatto, più o meno grande, onde produrre enfasi potrebbero moltiplicarsi. L'uso in italiano del Condizionale Passato per il Presente dello stesso modo ebbe certamente la stessa origine e seguì il sentiero comune tracciato da tali e simili costruzioni: dapprima ebbe lo scopo intieramente enfatico, poi la costruzione divenne così comune che cominciò a perdere gradatamente molto del suo valore primitivo, cosicchè oggidì quando si dice: "Disse che <u>sarebbe andato</u>" per "disse che <u>andrebbe</u>", la differenza significativa fra le due frasi è minima e quasi negligibile, quantunque la prima sia ancora alquanto più enfatica, e differisca in ciò che contiene tutt'ora in sè stessa, quantunque in un modo assai vago, una qualche fragranza della lingua popolare.

C. Proposizioni nelle quali detta forma è usata.

In quanto alle proposizioni nelle quali detta forma è usata non resta a dire altro che non vi è dubbio veruno che essa si trovi pure piuttosto comune anche fra le proposizioni principali, oltre delle subordinate, come ne risulta da parecchi fra gli esempi da me citati, quantunque il lettore, in quasi tutti, possa facilmente concepire il fatto che ciascuna di dette proposizioni potrebbe benissimo dipendere da un'altra principale sottintesa e contenente probabilmente uno dei seguenti o simili verbi ⟨dire, pensare, etc.⟩

Come illustrazione vedansi in questa mia tese i seguenti:

    <u>Fucini</u>, Renato: "All'Aria Aperta".

        (a) pagina 48, esempio 14.

    <u>De Amicis</u>, Edmondo: "La Carrozza di tutti".

        (a) pagina 55, esempi 1, 2

        (b) pagina 56, esempio 8

        (c) pagina 61, esempi 33, 34

        (d) pagina 63, esempio 47.

Annotazione:

Sarebbe pure interessante il sapere negli esempi seguenti della mia tese, ai quali ne riferisco il lettore, come l'autore si sarebbe espresso nel discorso diretto, intendo dire senza dipendenza.

<u>De Amicis</u>, Edmondo: "La Carrozza di tutti"
    (a) pagina 69, esempio 77

<u>Manzoni</u>, Alessandro: "I Promessi Sposi"
    (a) pagine 30-31, esempio 26

<u>Verga</u>, Giovanni: "Cavalleria Rusticana"
    (a) pagina 26, esempio 7

<u>Fogazzaro</u>, Antonio: "Piccolo Mondo Antico"
    (a) pagina 38, esempi 1, 2

Nel primo da me citato credo che si può dire che egli avrebbe detto ⟨ sarà un compagno o una compagna ⟩ e non ⟨ sarà stato un compagno o una compagna ⟩, poichè, se ciò non fosse, si sarebbe trovato in ogni probabilità in questa sua opera qualche esempio almeno in cui avrebbe impiegato il tempo composto pel futuro semplice, e ciò non avvenne affatto.

F I N E

Appendice

Catalogo dei libri usati.

Bandello, Matteo: "Novelle", Parte prima; Unione-Tipografico - Editrice Torinese, Torino 1910.

Bembo, Pietro: "Gli Asolani", Opere, Vol I; Società Tipografica de'Classici Italiani, 1808.

Boccaccio; Giovanni: "Il Decamerone"; Decima Impressione; Successori Le Monnier, 1911; Vol. I°.

Cellini, Benvenuto: "Vita"; G. C. Sansoni, Editore: Firenze 1901.

Crescimbeni, Mario Giovanni: "Storia dell' Accademia degli Arcadi" Londra, 1804.

Dante, Alighieri: "Vita Nuova"; Ulrico Hoepli, Editore, Milano 1911.

Dante, Alighieri: "Tutte le opere"; Terza edizione; Oxford, Stamperia dell' Università, 1904.

D'Annunzio, Gabriele: "Il Fuoco"; Fratelli Treves, Editori, 18° Migliaio, Milano 1905.

D'Azeglio, Massimo: "I Miei Ricordi", Vol. I; G. Barbèra, Editore, Firenze, 1899.

De Amicio, Edmondo: "La Carrozza di tutti", Fratelli Treves, Editori, 23° migliaio Milano, 1908.

Deladda, Grazia: "Cenere"; Terzo Migliaio, Fratelli Treves, Editori.

Farina, Salvatore: "Mio Figlio", Decima Edizione Società Tipografico - Editrice Nazionale, Torino, 1909.

Farina, Salvatore: "Fante di Picche"; Tipografia Editrice Lombarda, 1874.

Fogazzaro, Antonio: "Piccolo Mondo Antico" 37° Migliaio, Casa editrice Baldini, Castoldi e Co., Milano, 1903.

Fucini, Renato: "Nella Campagna Toscana" R. Bemporad e
　　　　　　　　Figlio, Editori, Firenze, 1908.

Fucini, Renato: "All'Aria Aperta"; Quarta Edizione, R.
　　　　　　　　Bemporad e Figlio, Librai - Editori,
　　　　　　　　Firenze.

Fucini, Renato: "Le Veglie di Neri", Settima Edizione, Ulrico
　　　　　　　　Hoepli, Editore Libraio, Milano, 1905.

Fucini, Renato: "Poesie"; 18ª Edizione, Tipografia Cino dei
　　　　　　　　Fratelli Bracali, Pistoia.

Gallina, Giacinto: "Gli Occhi del Cuore", "La Manna non Muore";
　　　　　　　　Quinto Migliaio, Fratelli Treves, Editori
　　　　　　　　Milano.

Giacosa, Giuseppe: "Come le Foglie" Settimo migliaio, Fratelli
　　　　　　　　Treves Editori, Milano, 1901.

Grazzini, Francesco (Lasca): "Cene". G. C. Sansoni, Editore,
　　　　　　　　1890, Firenze.

Macchiavelli, Niccolò: "Principe"; G. C. Sansoni, Editore
　　　　　　　　1913. Firenze.

Manzoni, Alessandro: "I Promessi Sposi" Opere, Seconda Edizione,
　　　　　　　　Ulrico Hoepli, Editore, Milano 1908.

Masuccio, Salernitano: "Il Novellino" Antonio Morano,
　　　　　　　　Libraio - Editore, Napoli, 1874.

Meyer-Lübke, W.: "Grammaire des Langues Romanes" Traduction
　　　　　　　　Française par Auguste Doutrepont et
　　　　　　　　Georges Doutrepont; H. Welter, Éditeur,
　　　　　　　　Paris, 1900. - Tome Troisième.

Monti, Vincenzo: "Epistolario" - Opere, Tomo VI, Giovanni
　　　　　　　　Resnati e Giuseppe Bernardoni, Editori,
　　　　　　　　Milano, 1842.

Sacchetti, Franco: "Novelle"; Volume I; Seconda Impressione;
　　　　　　　　Successori Le Monnier, Editori, Firenze,
　　　　　　　　1888.

Sercambi, Giovanni: "Novelle"; Ermanno Loescher, Editore,
　　　　　　　　Torino, 1889.

Verga, Giovanni: "Cavalleria Rusticana ed altre Novelle";
　　　　　　　　Fratelli Treves, Editori, Settimo Migliaio,
　　　　　　　　Milano, 1900.

- -

Aggiunta

Bartoli, Daniello: Dell' Istoria della Compagnia di Giesu; I primi due libri; Stamperia del Varese, Roma, 1667.

Galileo, Galilei: Scritti di Critica Letteraria; Raccolti ed Annotati da Enrico Mestica; pagine 173-239; Seconda Edizione; Ermanno Loescher, Editore, Torino, 1906.

Rinuccini, Ottavio: La Dafne; Teatro Italiano Antico; Volume Ottavo; Società Tipografica de'Classici Italiani, Milano, 1809.

Tassoni, Alessandro: La Secchia Rapita; Seconda Edizione, G. Barbèra, Editore, Firenze, 1861.

F I N E

www.ingramcontent.com/pod-product-compliance
Lightning Source LLC
LaVergne TN
LVHW061314060426
835507LV00019B/2156